# GIGN – RAID

## *Deux patrons face aux nouvelles menaces*

Thierry Orosco
Jean-Michel Fauvergue

# GIGN – RAID

## *Deux patrons face aux nouvelles menaces*

*ENTRETIENS DIRIGÉS PAR FRANCK HÉRIOT*

Mareuil
Éditions

Pour vous tenir informé des prochaines publications de Mareuil Éditions, rendez-vous sur : www.mareuil-editions.com

# Première Partie

# DEUX ITINERAIRES, DEUX UNIVERS

**Pourquoi ce livre ?**

**Jean-Michel Fauvergue (J.-M. F.) :** Je crois qu'il était important d'aller jeter un œil dans les coulisses du Raid, d'aller un peu plus au fond des choses, d'aller au-delà des clichés qu'on nous ressert régulièrement quand il s'agit d'évoquer des unités d'intervention comme le Raid[1] ou le GIGN[2]. Oui, important que le public voit au-delà de ce qu'on lui présente habituellement.

Quand j'étais adolescent, je lisais beaucoup de livres d'auteurs comme Pierre Schoendoerffer sur la guerre d'Indochine ou d'Algérie. J'aimais beaucoup ces récits qui avaient le mérite de raconter de l'intérieur la vie de ces unités et de ces soldats ; leurs difficultés quotidiennes, leurs relations personnelles, que ce soit avec leurs camarades ou leur hiérarchie. C'est ce que j'espère pouvoir faire avec ce livre.

**Pourquoi avec le GIGN ? Pourquoi pas avec une autre unité ?**

**J.-M. F. :** Parce que ce sont deux unités qui sont très proches dans l'esprit. Ce sont des unités spécialisées dans

1. *Recherche, assistance, intervention, dissuasion.*
2. *Groupe d'intervention de la Gendarmerie nationale.*

l'intervention avec compétence au niveau national. Selon moi, le Raid est plus comparable au GIGN qu'il ne l'est à la BRI[3]. La BRI est une unité de police judiciaire qui fait de l'intervention, alors que le Raid est uniquement une unité d'intervention, même s'il lui est arrivé de faire de la filature, véritable spécialité policière qui demande une vraie technicité, à une certaine époque.

La seconde raison pour laquelle je souhaitais faire ce livre avec Thierry Orosco est que l'on compare toujours le Raid et le GIGN, souvent, malheureusement, en les opposant. Ce livre nous offre donc la possibilité d'informer le public, le plus large possible, sur une autre réalité, celle que nous avons connue Thierry et moi, afin que chacun puisse se faire une idée sur ces deux unités, au-delà de tout esprit polémique ou partisan.

Comment fonctionnent-elles ? D'où viennent-elles ? À quoi servent-elles ? Qui sont les hommes et les femmes qui les composent ? D'où viennent-ils ? Quelles sont leurs histoires respectives ? Pourquoi deux unités comme celles-là, et pas une ou trois ? Comment ont-elles évolué et vont-elles encore évoluer face au terrorisme et aux nouvelles menaces ? Etc.

Ce livre, c'est la possibilité de faire passer des messages, à titre personnel mais aussi en tant qu'ancien chef du Raid, policier pendant près de quarante ans, sur la façon dont on peut faire évoluer les mentalités pour une meilleure – et indispensable – coordination entre nos deux unités, face notamment au terrorisme islamiste. C'est aussi une occasion de raconter comment il a fallu vaincre les frictions existantes entre le Raid et le GIGN pour parvenir à une meilleure efficacité, l'un et l'autre tendus vers un but commun, un seul objectif : défendre nos concitoyens.

**Thierry Orosco (T. O.) :** Quand Jean-Michel est venu me voir, j'ai tout de suite pensé que ce livre était une opportunité

3. *Brigade de recherche et d'intervention, aussi appelée l'Antigang.*

pour raconter autre chose que ce qu'il y a dans de nombreux ouvrages traitant d'opérations menées par le GIGN. Autre chose, c'est-à-dire l'envers du décor, ce qu'on ne voit jamais, peut-être moins palpitant mais essentiel pour comprendre comment fonctionne une telle unité, et surtout pourquoi. Comment on se prépare ? Pourquoi on se prépare ? Comment développe-t-on les tactiques, les équipements, les formations, le concept d'emploi ? Il y a là une véritable réflexion ; l'évolution du GIGN n'est pas le fruit du hasard, rien n'est venu spontanément.

On a l'impression – je parle pour le GIGN mais je pense que c'est un peu la même chose pour le Raid –, on a l'impression, quand on est dans une unité, de détenir « le » savoir, le seul, l'unique, comme s'il n'y en avait pas d'autres. Or, ce qui est intéressant avec le recul, c'est de voir comment deux formations, deux organisations, qui ont exactement les mêmes missions, abordent un même sujet différemment. Car, quoi que l'on dise, l'organisation, la formation, le rythme des alertes, la façon dont on se prépare et dont on recrute, tout est différent. C'est aussi cela que j'aimerais expliquer : comment chacun, en fonction de sa culture, de son histoire, de son biotope, a construit son organisation pour répondre avec ce qu'il considère comme la meilleure solution. Solution qu'il est toujours intéressant de comparer pour mieux comprendre pourquoi lui l'a prise et pas moi, sans avoir la tentation de l'imiter ou de la rejeter systématiquement, avec l'arrière-pensée de croire que ce qui vient d'en face est forcément mauvais.

Je prends pour exemple la décision du Raid d'abandonner la capacité « recherche » il y a quelques années, alors que nous, GIGN, dans le même temps, nous développions justement cette capacité, pensant que c'était important, tout en ayant la même analyse de la menace. Je le répète, ce n'est pas parce que l'un fait une chose et l'autre pas que l'un a tort et l'autre a raison !

**Jean-Michel Fauvergue, vous auriez pu faire ce livre avec un autre ancien patron du GIGN, pourquoi avoir sollicité Thierry Orosco ?**

Quand je suis arrivé au Raid, j'ai connu deux chefs du GIGN, Thierry Orosco puis Hubert Bonneau, qui était son adjoint avant de lui succéder. Je dois dire que j'ai tout de suite été séduit par l'ouverture d'esprit de Thierry, dès les premières réunions auxquelles nous avons participé ensemble. Je suis extrêmement sensible à ce genre d'attitude. J'estime qu'on n'est pas là, policier ou gendarme, pour servir seulement un service ou un outil, mais aussi et surtout pour servir nos concitoyens. C'est un sentiment que j'ai ancré au plus profond de moi-même. Si j'ai toujours eu une ambition, au-delà même de ma propre carrière, c'est bien celle-là : servir mon pays, servir l'État, et mes concitoyens. J'ai vu la même chose chez Thierry. Raison pour laquelle le dialogue entre nous a été assez rapide et toujours franc. Et du dialogue a surgi la sympathie, et de la sympathie a surgi la camaraderie, sans doute une amitié non déclarée. S'il avait fallu que nos deux unités interviennent ensemble sur une opération, je sais que j'aurais été heureux d'être à ses côtés.

**Thierry Orosco, même question, pourquoi avoir accepté de faire ce livre avec Jean-Michel Fauvergue ?**

Dès le début, j'ai apprécié la personnalité de Jean-Michel, son sens du service comme il le dit, son souci d'être au service de la France, même si aujourd'hui ce terme semble un peu fort aux yeux de certains. C'est pourtant bien de cela dont il s'agit quand des hommes sont prêts à donner leur vie pour leur pays ! J'ai donc toujours eu de bons rapports avec Jean-Michel, et j'ai pensé que si c'était le moment d'écrire ce livre avec le recul nécessaire, ce ne pouvait être qu'avec lui. Je parle du recul nécessaire, car on a forcément les idées un peu plus claires quand on laisse couler de l'eau sous les ponts. Écrire ce livre à quatre mains avec la philosophie qui est la nôtre, cela me convient parfaitement.

**Est-on prédestiné à devenir un jour patron d'une unité d'intervention, que ce soit le GIGN ou le Raid ? Faut-il forcément en rêver pour décrocher ce que certains considèrent comme une sorte de Graal ?**

**T. O. :** Je pense qu'il est tout de suite important de préciser que ma formation initiale a été une formation militaire. J'ai fait Saint-Cyr, et quand j'en suis sorti, en 1985, nous étions encore en pleine guerre froide. Je ne me voyais absolument pas rentrer dans l'armée de terre où, à l'époque, il n'y avait pas beaucoup d'action. *A contrario*, la gendarmerie offrait la possibilité de mettre un pied dans le réel. Rapidement, il y a eu un appel de candidatures pour passer les tests d'entrée au GIGN. Le GIGN où – c'est encore une différence avec le Raid – l'on entre « petit » et où l'on y grandit. Impossible d'arriver au sommet par des étapes intermédiaires.

Je suis entré au GIGN en 1987. J'y ai fait trois passages. Un premier comme jeune lieutenant puis capitaine. C'est à ce moment-là que j'ai fait mes classes, que j'ai appris à être premier dans une colonne d'intervention, et que j'ai suivi plusieurs formations. C'est un apprentissage un peu à la « britannique », on commence par le bas... Ensuite, j'ai été nommé à la tête d'une compagnie, donc j'ai fait de la sécurité publique, avant de rejoindre la direction de la gendarmerie tout en ayant toujours en ligne de mire mon retour au GIGN. J'ai eu cette opportunité au début des années 2000, en partant au GSIGN[4], une unité chapeautant le GIGN. Au bout de

4. *Groupement de sécurité et d'intervention de la Gendarmerie nationale, créé le 1er janvier 1984, et dissous le 1er septembre 2007 lors de la formation du « nouveau » GIGN.*

trois ans en tant que second, on m'a conseillé de prendre la tête d'un groupement de gendarmerie, à Toulouse. Tout ça pour dire que dans ma vie j'ai fait beaucoup d'opérationnel, la moitié du temps au GIGN, l'autre moitié pratiquement en sécurité publique.

Comme Jean-Michel, avoir eu un éclairage du monde hors des unités d'intervention, dans des unités plus classiques, c'est-à-dire avec des gens moins formés, moins bien équipés, cela permet de relativiser beaucoup de choses. Cela apprend aussi à travailler avec des magistrats et des préfets. Autant d'expériences qui aident beaucoup lorsque vous vous retrouvez à la tête d'une unité d'intervention, sachant que le GIGN, comme le Raid, n'est qu'un prestataire de services. Prestataire de services pour quelqu'un qui est sur le terrain, dans une unité classique, et qui n'arrive pas à s'en sortir tout seul, soit par la dangerosité des adversaires, soit par la technicité que cela nécessite, par exemple dans le cas d'une interpellation impliquant un grand nombre de suspects ou dans une zone à haut risque…

Quand on est à la tête du GIGN, et qu'on est soi-même passé dans une unité de sécurité publique, on comprend mieux, forcément, ce qu'on attend de vous.

**Tout au long de ces années, de ces différentes affectations, vous avez donc eu comme objectif de prendre, un jour ou l'autre, la tête du GIGN…**

**T. O. :** En 1987, lors de mon arrivée au GIGN, il y avait quatre-vingt-dix hommes. Quand j'en ai pris le commandement, ils étaient presque cinq cents ! Quand je suis rentré au GIGN, le patron était un capitaine puis commandant. Quand j'en ai été le patron, j'étais général. La structure n'a donc pas cessé d'évoluer.

Dans mon idée, il s'agissait plus de servir au GIGN que de commander le GIGN. Quand on sert au sein de cette unité, on ne dit pas « j'ai envie de la commander », on dit « j'ai envie de partir en opération avec elle ».

**A-t-on le sentiment d'être plus dans l'action quand on sert au sein du GIGN que dans une autre unité plus classique ?**

**T. O. :** Plus dans l'action, oui. Cela ne m'empêche pas de toujours tirer mon chapeau aux gens qui sont dans les unités dites « classiques », ceux que l'on appelle les « primo-intervenants ». Eux aussi sont dans l'action, mais sans jamais en être prévenus à l'avance, sans y être forcément préparé et souvent sans en avoir les moyens, comme c'est le cas dans les unités d'intervention.

L'action, oui, mais on rêve tous d'avoir les meilleurs moyens. Quand on est au GIGN, on a conscience de la chance qu'on a d'avoir des hommes et des femmes d'exception sous ses ordres, d'avoir des moyens d'exception, et de n'être engagé que sur des missions toujours intéressantes.

J'aime beaucoup la devise du maréchal Lyautey, selon laquelle « la joie de l'âme est dans l'action ». L'action c'est le moteur de tout ce qu'on fait. Je connaissais un officier du GIGN qui, lorsqu'on lui demandait quel était son sport favori, répondait toujours : « Mon sport préféré, c'est l'intervention. »

**Quand on arrive à la tête du GIGN, que l'on a accompli son rêve, que l'on a réalisé son ambition, peut-on imaginer un « après », et si oui peut-il être aussi intense ?**

**T. O. :** Considérant que « la joie de l'homme est dans l'action », je ne me voyais pas trouver au sein de la gendarmerie quelque chose qui serait aussi exaltant. C'est pourquoi j'ai choisi de partir dans le privé, en me disant que de toute façon, j'allais relever un autre défi. La gendarmerie m'avait proposé un poste – patron des gendarmeries d'outre-mer – avec le grade qui allait avec. Quand j'ai dit au directeur général de la Gendarmerie nationale Denis Favier, auquel j'avais succédé à la tête du GIGN, que les quatre étoiles qu'il m'offrait n'allaient pas me faire rêver, il m'a répondu que c'était tout ce qu'il avait à m'offrir… Quand je lui ai dit que je voulais partir, il a eu ces mots que j'ai trouvés francs et honnêtes : « En tant que directeur général, je ne suis pas d'accord, mais en tant qu'homme je te comprends. »

Oui, une fois qu'on a commandé le GIGN, que va-t-on pouvoir commander d'autre d'aussi exaltant ? C'est forcément difficile. J'ai donc estimé qu'il valait mieux changer les paramètres, partir pour une nouvelle vie.

**Expérience donc « globalement » satisfaisante, avec ce sentiment d'être allé jusqu'au bout de l'expérience ?**

**T. O. :** Je pense que je suis allé au bout. Quand on est au GIGN – et ce doit être la même chose pour Jean-Michel –, il y a plusieurs facteurs qui font qu'on a envie d'y rester ou d'en partir. Un des critères fondamentaux – c'est vrai dans la plupart des entreprises humaines –, ce sont les rapports que l'on entretient avec son chef. Si c'est un rapport équilibré, tout va bien. Si c'est conflit permanent, cela devient rapidement très compliqué, invivable, surtout que lorsqu'il y a des tensions vers le « haut », ces mêmes tensions rejaillissent inévitablement vers le « bas ». Pour ma part, j'ai eu la chance d'avoir eu deux directeurs généraux avec lesquels je me suis bien entendu.

Au-delà de l'action, de l'amour de l'action sans lequel on n'intègre pas ce genre d'unité, le premier des bonheurs, c'est l'ambiance qui y règne, ce sentiment d'appartenir à une famille, de vivre chaque jour avec ses frères d'armes. Les relations partagées avec des gens avec lesquels on partage des moments intenses ou difficiles ne sont pas du tout du même ordre que celles qu'on peut avoir avec d'autres personnes.

**Pour vous Jean-Michel, cette même ambition, ce même objectif, de servir à tout prix, un jour ou l'autre, au Raid ?**

**J.-M. F. :** Depuis tout petit – vraiment tout petit –, je voulais être commissaire de police. C'est d'autant plus surprenant que personne dans ma famille n'était policier. Je ne peux pas vraiment expliquer d'où vient cette idée. Peut-être ai-je été « victime » des westerns que j'ai toujours dévorés, ébahi devant ces shérifs seuls contre tous, dégainant plus vite que leur ombre. Et quand il advenait qu'un représentant de la loi était un ripou, j'étais – vraiment – triste et désespéré !

Comme j'étais peu enclin à travailler et réussir à l'université, je suis entré dans la police par la porte « moyenne », à savoir l'École supérieure des officiers de paix, disparue aujourd'hui. Ce grade était l'équivalent en uniforme de l'inspecteur qui, lui, était en civil. Assez rapidement, j'ai passé le concours de commissaire, et, en 1984, j'ai pu intégrer l'École nationale supérieure de la police (ENSP) de Saint-Cyr-au-Mont-d'Or, école qui n'a rien à voir avec le Saint-Cyr Coëtquidan qu'a connu Thierry…

C'est à cette époque, fin 1985, que le Raid a été créé, avec à sa tête deux grands flics, personnages mythiques de la Police nationale : Robert Broussard, créateur du Raid, et Ange Mancini, son premier patron.

Tout de suite, je me suis dit « c'est là où je veux aller ». Et j'ai tout fait pour. Ma première tentative a été de faire intervenir un camarade de promotion, Charles Diaz, qui connaissait bien Ange Mancini pour avoir été sous ses ordres à la Brigade criminelle de Paris. Nous avons été reçus, avec Charles Diaz, par Ange Mancini dans la salle à manger du Raid, à Bièvres. Je lui ai demandé s'il n'avait pas besoin d'un second adjoint. Il m'a répondu par la négative. Échec donc de ma première tentative…

D'un service à l'autre, de la sécurité publique à la PAF[5], en passant par la Nouvelle-Calédonie où j'ai créé le GIPN[6], je suis revenu à Paris où l'on m'a chargé de reprendre en main tous les GIPN de France qui tombaient en décrépitude. Après trois années où il m'est arrivé régulièrement de participer à des interventions, je suis parti diriger la sécurité publique de Guyane avant de rejoindre le SCTIP[7], et d'être nommé attaché de sécurité intérieure au Mali. Nous sommes en 2002. L'idée d'aller au Raid ne m'a toujours pas quitté…

Le patron du SCTIP, Jo Querry, avec lequel je m'entendais bien, savait que je souhaitais intégrer le Raid. Alors qu'il devait récupérer dans son service le patron du Raid, nommé attaché de sécurité intérieure à Moscou, il a eu l'idée de proposer un ticket à la tête de l'unité pour le remplacer : moi-même, comme patron, et Jean-Louis Fiamenghi, jeune commissaire principal, en tant qu'adjoint. Ticket proposé au directeur général de la Police nationale. Comme l'on dit, c'était à « deux doigts » de se faire… Mais la décision a traîné. Puis il y a eu l'élection présidentielle. La machine s'est figée, avant et après, comme c'est toujours le cas durant ces périodes électorales. Le « ticket » est parti à la poubelle. Christian Lambert a été nommé à la tête du Raid. Jean-Louis Fiamenghi est devenu son adjoint. Cette tentative fut donc un nouvel échec… Je n'avais jamais été aussi près de réaliser mon ambition !

Je suis donc resté au Mali. Après un crochet au Gabon, je suis revenu en France pour prendre la tête de l'Ocriest[8].

5. *Police de l'air aux frontières.*

6. *Groupe d'intervention de la Police nationale.*

7. *Service de coopération technique internationale de police, aujourd'hui remplacé par la DCI (Direction de la coopération internationale).*

8. *Office central pour la répression de l'immigration irrégulière et de l'emploi d'étrangers sans titre.*

Du côté de Bièvres, là où est basé le Raid, les choses ont bougé. Jean-Louis Fiamenghi a pris la tête de l'unité, de 2004 à 2007. Quand il est parti au SPHP[9], il a proposé mon nom pour lui succéder. Je n'y croyais plus vraiment. J'ai eu raison. C'est Amaury de Hauteclocque qui a été nommé.

Bien sûr, je voulais toujours aller au Raid, mais après ces revers successifs, je me suis remis en selle. J'ai poursuivi ma carrière sans plus trop y penser. Jusqu'au jour où j'ai été contacté par le directeur de cabinet du directeur général de la Police nationale. Il me demande si je suis toujours partant pour le Raid ! Sincèrement, à ce moment-là, le Raid m'était sorti de la tête. Nous sommes en 2013. Amaury de Hauteclocque était à la tête du Raid depuis six ans, entretemps, il y avait eu un changement de Président et de gouvernement.

Cette fois, les choses allaient évoluer dans mon sens. Je vous passe les convocations chez le directeur de cabinet du DGPN, puis avec le DGPN, puis avec le directeur de cabinet du ministre de l'Intérieur, puis, enfin, avec le ministre lui-même, Manuel Valls, qui a finalement donné son accord après un entretien d'une vingtaine de minutes. Voilà comment je suis devenu patron du Raid, en 2013.

Dans la police, c'est toujours le ministre de l'Intérieur qui choisit le chef du Raid parmi les candidats qui lui sont proposés. Cela n'a rien de politique, mais depuis Pierre Joxe, créateur du Raid, les ministres qui se sont succédé ont toujours considéré que cette nomination était de leur prérogative.

**Trente ans pour arriver à vos fins ! C'est long, non ?**

**J.-M. F. :** Oui, bien sûr, mais si j'ai voulu vous raconter cette histoire dans le détail, c'est parce qu'elle me semble assez symbolique de la façon dont fonctionne notre institution.

---

9. *Service de protection des hautes personnalités, aujourd'hui remplacé par le SDLP (Service de la protection).*

Mon parcours dénote clairement les différences, je crois fondamentales, qui existent entre la police et la gendarmerie qui est un corps militaire mieux structuré, bien hiérarchisé, où les hommes, dès leur sortie de l'école, sont « programmés » pour suivre tel ou tel cursus, plus particulièrement les officiers qui ont une spécificité.

Peu de carrières, je crois, sont dues au hasard ou aux relations que l'on peut avoir ici ou là. Les carrières sont pensées bien en amont, comme va probablement nous l'expliquer Thierry. Dans la Police nationale, cela n'existe pas, nous sommes dans des silos ; on commence dans la sécurité publique et on finit dans la sécurité publique, on commence à la PJ et on finit à la PJ, *idem* pour le renseignement. Il est toujours difficile, voire impossible, de passer d'un silo à l'autre, même si je suis un contre-exemple pour être passé de la sécurité publique à la PAF ou à l'intervention. C'est vraiment sur tous ces points que nos deux institutions, et donc ces deux unités que sont le Raid et le GIGN, sont vraiment différentes… D'un côté, la police – je sais que je ne vais pas me faire que des amis en disant cela –, où c'est un peu le hasard, la loterie (ce qui, peut-être, fait le charme de notre maison), et de l'autre côté, la gendarmerie où les choses, au contraire, sont beaucoup plus structurées.

**Thierry Orosco, vous êtes d'accord avec cette analyse, sur ces différences fondamentales existant entre le fonctionnement de la gendarmerie et celui la police qui, forcément, impactent des unités comme le Raid et le GIGN qui paraissent pourtant si proches ?**

Oui, tout à fait. La gendarmerie, comme vient de le dire Jean-Michel, est une institution militaire. L'idée, très conforme à la culture militaire, consiste à créer une pépinière, quelle que soit l'unité concernée appartenant ou pas à la gendarmerie, de laquelle on va faire éclore des officiers aptes à remplir des missions pour lesquelles ils ont été préparés, mutation après mutation, formation après formation, l'idée étant, tout au long de leurs carrières, d'apprendre à se mesurer aux autres. C'est une sélection permanente, ce qui n'est peut-être pas le cas dans la police.

L'autre idée est de permettre à ces officiers de se mesurer face aux prises de risques, d'évaluer la façon dont chacun se comporte dans telle ou telle situation.

Aujourd'hui, au GIGN, il doit y avoir une trentaine de jeunes lieutenants et capitaines. C'est parmi eux que se trouve le futur patron de l'unité. Au fur et à mesure, au fil des années, on va sélectionner dans ce groupe les trois ou quatre officiers susceptibles de devenir les patrons du GIGN. Des patrons qui seront passés par des formations obligatoires – École de guerre, Centre des hautes études militaires (CHEM-IHEDN) –, ou des postes incontournables dans l'administration centrale, comme par exemple, en ce qui me concerne, le bureau de la défense et de la sécurité à la DGGN, qui s'occupe notamment du suivi des plans gouvernementaux et d'armer les cellules de crise. Chaque nomination, chaque formation doit être considérée comme une barrière à franchir, une étape obligée.

L'idée des « grands chefs », à travers cette sélection – sachant que tous les directeurs généraux, à l'exception de Denis Favier[10], ne connaissent pas ou mal les gestions de crise de haute intensité du type de celles gérées par le GIGN –, est de placer auprès de ces directeurs des conseillers sur lesquels ils peuvent s'appuyer en cas de crise. Ce futur conseiller, on va donc le faire grandir tout au long de sa carrière. C'est pour cette raison que l'on dit à l'officier qui a bien réussi au GIGN : « Tu vas aller commander une compagnie

10. *Ancien directeur général de la Gendarmerie nationale, Denis Favier fut aussi chef du GIGN, notamment lors de la prise d'otages à bord de l'Airbus d'Air France sur le tarmac de l'aéroport de Marignane, en 1994.*

départementale, et on va voir si tu es apte à te mesurer à tes pairs que sont les autres officiers de gendarmerie. » Sous-entendu, tu n'es pas un surhomme ni un héros parce que tu es passé au GIGN, tu vas donc retourner te mesurer à tes camarades dans des unités moins prestigieuses ! Et si tu réussis à ce poste, tu pourras revenir au GIGN dans d'autres fonctions. Un nouveau passage synonyme de nouveau niveau de sélection.

Personnellement, j'ai fait trois passages au GIGN, autrement dit j'ai survécu à deux sélections. Voilà en quoi c'est très différent du système instauré dans la police pour accéder à la tête du Raid. On voit bien que chaque système a développé sa propre méthodologie en fonction de son histoire.

**Malgré tout, malgré ces deux fonctionnements radicalement différents, il y a un dénominateur commun aux patrons du Raid et du GIGN : ils n'arrivent jamais à ce poste par hasard...**

**T. O. :** Effectivement il n'y a aucun hasard, heureusement ! Il y a une volonté du système à trouver le candidat qu'on estime apte à remplir ces fonctions. La différence c'est que dans la gendarmerie, on prend son temps ! On met quinze ou vingt ans avant de désigner l'heureux élu. Cela dit, il faut aussi une conjonction des planètes. Un officier sur lequel les grands chefs ont porté leur choix peut aussi connaître des accidents de parcours, une fenêtre peut se fermer pour des questions d'âge ou de grade...

**J.-M. F. :** Évidemment, on n'intègre pas le Raid ou le GIGN par hasard ! La grosse différence est que le système de la gendarmerie est d'une logique et d'une construction qui devraient s'imposer dans la police – je le dis sans animosité aucune à l'encontre de mon ancienne maison –, et pas seulement pour désigner le patron d'une unité d'intervention.

Le problème dans la police – je vous renvoie à mon parcours –, c'est qu'on s'en remet trop à la volonté personnelle d'un individu, quelles que soient par ailleurs ses qualités, et à son réseau de relations. Tout ceci n'en fait pas un homme capable de diriger une unité d'intervention, poste auquel il n'a pas été forcément préparé ni formé ! C'est trop aléatoire. Pour autant, je ne pense pas que la police doive adopter le fonctionnement de la gendarmerie. Nos deux institutions sont très différentes. Mais je reviendrai sur ce point un peu plus tard.

Il faut bien comprendre que lorsqu'il s'agit d'unités qui sont hors système comme le Raid qui n'appartient ni à la police judiciaire, ni à la Direction centrale de la sécurité publique, ni à la PAF ou aux CRS, et qui dépend du directeur général de la Police nationale, il y a des éléments qui ne devraient pas entrer en ligne de compte pour désigner le chef du Raid. Selon moi, avec le système de nomination actuel, nous sommes dans le domaine de l'amateurisme.

J'ai un exemple qui illustre bien mon point de vue. De 2011 à 2012, j'ai participé au CHEMI, le Centre des hautes études du ministère de l'Intérieur. On y côtoyait des gens venus d'horizons différents ; sous-préfets, pompiers, gendarmes et commissaires divisionnaires. Les quatre gendarmes destinés à devenir généraux le sont effectivement devenus dans les deux années qui ont suivi la fin du cursus. Sur les quatre commissaires divisionnaires, j'ai été le seul à obtenir une sous-direction – en l'occurrence celle des relations internationales de la PAF –, et le grade de contrôleur général, équivalent de général au bout de deux ans.

Je voudrais ajouter que la police est structurée en trois corps – encadrement/application (gardiens de la paix et gradés), officiers et commissaires –, et dans chacun de ces corps on peut rentrer par le concours extérieur. Il y a donc deux éléments qui structurent la Police nationale : les directions quasi autonomes, que j'ai évoquées un peu plus haut, et ces trois corps.

Conséquence, quand on est commissaire, on arrive au Raid parce qu'on est manager, et non parce qu'on a été formé à l'intervention. Le commissaire n'a pas commencé à la base dans une colonne d'assaut du Raid, comme l'expliquait tout à l'heure Thierry lorsqu'il est arrivé pour la première fois au GIGN.

**T. O. :** Au GIGN, dans la majorité des cas, on a très souvent essayé de faire en sorte que le futur patron passe un an en doublure avec son prédécesseur, avant de prendre la tête de l'unité. De cette façon il n'y a pas de coupure mais une continuité dans le développement de l'unité et de sa politique.

Je voudrais revenir sur ce que disait Jean-Michel. Dans la gendarmerie, il y a un côté anonymat des personnes qu'il n'y a pas dans la police. Impossible de citer des « grands » gendarmes comme on cite des « grands » flics tels qu'Ange Mancini, Robert Broussard ou d'autres. La gendarmerie est un système beaucoup plus anonyme. Pour avoir vécu dans ce système, je dirais que c'est un système qui engendre aussi des contraintes, notamment dans deux cas.

Quand on entre tout petit au GIGN, on est soumis à une pression énorme en interne. On sent vite qu'il va falloir faire ses preuves. Il est arrivé que des officiers soient éjectés du GIGN parce qu'ils n'avaient pas été « digérés » par le groupe.

Le second cas, c'est lorsqu'on quitte le GIGN. Qu'on y revienne ou pas, c'est un moment douloureux. Quand on rejoint une nouvelle unité, à chaque fois on est regardé comme une bête curieuse, comme celui qui arrive du groupe d'élite et qui, « évidemment », va se comporter comme un cow-boy. Lorsque j'étais en compagnie départementale, je faisais personnellement attention, par exemple, à porter un holster réglementaire, surtout pas celui du GIGN pour ne pas me faire taxer de cow-boy ! Quand on sort du GIGN, on est perpétuellement jugé comme celui qui ne peut rien faire comme les autres.

Quand j'ai réussi les tests d'entrée au GIGN pour la première fois, après un an passé dans la gendarmerie, un vieux lieutenant-colonel, qui commandait le groupement de gendarmerie mobile d'où je venais, m'a alors dit : « Orosco vous rentrez au GIGN, c'est dommage, vous auriez pu faire une belle carrière en gendarmerie... » En fait, pour beaucoup, celui qui intègre le GIGN a longtemps été considéré comme perdu pour la France ! Durant toute sa carrière dans la gendarmerie classique, on est marqué au fer rouge, regardé bizarrement pour toutes sortes de raisons ; on est à la fois admiré mais aussi beaucoup jalousé. Heureusement, les temps semblent changer !

**C'est la même chose dans la police ?**

**J.-M. F. :** Non, ce n'est pas tout à fait pareil. Les gens du Raid, pour la plupart, sont passés dans d'autres services. Depuis son origine, le Raid est une unité de prestations de services, comme le GIGN, mais de manière plus généralisée, c'est-à-dire que le Raid procède à un grand nombre d'arrestations pour le compte d'autres services. Le Raid est apprécié pour ça. J'ai toujours pu constater beaucoup d'humilité chez les hommes recrutés dans cette unité, le souci de ne pas « la ramener » si vous me passez l'expression. J'ai le sentiment que les hommes du Raid sont un peu mieux considérés par leurs collègues policiers que ne le sont les gens du GIGN par les autres gendarmes...

**T. O. :** Il y a peut-être une erreur dans mes propos. D'accord avec Jean-Michel sur l'humilité. Celui qui en manque en opérations, au contact des gendarmes départementaux, est vite recadré. Et il rentre dans le rang ! Je crois que le fait de mettre régulièrement sa vie en danger conduit inévitablement à l'humilité, que ce soit au Raid, au GIGN ou dans toutes les unités d'élite de la police ou de l'armée.

Le GIGN c'est la vitrine de la gendarmerie. Les militaires de la gendarmerie s'y reconnaissent. Je n'ai pas le moindre doute sur le fait que notre unité soit appréciée et admirée par tous les gendarmes ! Ce qui n'empêche pas, en tant qu'individu, de ressentir des moments de souffrance ou d'échecs dans d'autres unités.

# AUX ORIGINES

**Quand le GIGN a-t-il été créé et pour quelle raison ?**

**T. O. :** Le GIGN a été créé immédiatement après les évènements des Jeux olympiques de Munich, en 1972[1]. À l'époque, la plupart des pays occidentaux, y compris l'Union soviétique, avaient saisi qu'une telle crise demandait des moyens particuliers. Ils avaient tiré les leçons de l'échec allemand. D'où l'idée de créer des unités spécialisées, chacun percevant bien que l'intervention était un métier à part entière. Tous ces pays avaient compris qu'il y avait eu des trous dans la raquette des forces de sécurité allemandes.

À l'origine, la gendarmerie veut créer des unités au niveau des régions militaires, c'est-à-dire plusieurs unités réparties en France. Le GIGN qu'on connaît, créé à Maisons-Alfort, est celui de la première région de gendarmerie, raison pour laquelle il avait été baptisé GIGN 1. Un autre groupe avait été créé à Mont-de-Marsan, dans la quatrième région, et s'appelait le GIGN 4. Rapidement, on va arriver à la conclusion qu'on

1. *Le 5 septembre 1972, lors des Jeux olympiques de Munich, des membres de l'équipe d'Israël sont pris en otage et assassinés par des membres de l'organisation palestinienne Septembre noir, près de trois heures après le début de la tentative ratée de sauvetage par la police allemande. Les Allemands, accusés d'amateurisme, ne pourront pas expliquer de façon satisfaisante pourquoi ils n'ont pas déployé des tireurs d'élite, alors que les policiers ne disposaient pas de fusils de précision, ni de gilets pare-balles, ni d'équipement de vision nocturne. Bilan : 11 membres de la délégation israélienne, 1 policier allemand et 5 terroristes sont tués.*

n'a peut-être pas besoin d'une unité d'intervention par région. Ironie de l'histoire, quarante-cinq ans plus tard, on arrive à la conclusion inverse ! C'est ainsi qu'à l'époque on n'a gardé qu'un seul groupe d'intervention, à ce moment-là encore réduit.

Au départ, cette unité, commandée par le lieutenant Christian Prouteau, réunit des gens qui ont un certain sens tactique, qui ont de la fougue et beaucoup de courage, qui vont déranger les systèmes établis. C'est de là que viennent les premières images de gendarmes anachroniques, avec les cheveux plus longs que la coupe réglementaire, donnant l'impression de s'affranchir de la discipline très formelle alors en vigueur. Il faut bien comprendre, comme je l'ai déjà dit, que la gendarmerie est un système très « militaro-militaire » ; ces gendarmes « new-look » dénotaient forcément dans ce paysage assez orthodoxe. Mais au fil des mois, des années, confrontés à des situations exceptionnelles, ils montrent leur courage, et finissent par acquérir une expérience nouvelle dans le domaine de l'intervention.

À cette période des pionniers va succéder celle des artisans. On va commencer peu à peu à dire : « oui, j'ai du savoir-faire », et chercher à conceptualiser les choses, notamment en ce qui concerne la formation et le recrutement, sur la base de ce que l'on connaît déjà. C'est-à-dire en sélectionnant des gens qui ressemblent à ces pionniers du premier GIGN. Le groupe, d'une vingtaine de personnes, va passer à une quarantaine de gendarmes, puis à une soixantaine et plus. Il ne va cesser de grandir, pour finalement être une unité reconnue à la fin des années 1970.

Les premiers grands faits d'armes ont été ceux de Djibouti[2], puis de La Mecque[3]. Des opérations survenues hors de France qui montraient bien le côté militaire du GIGN.

---

2. *Le 3 février 1976, des militants indépendantistes du Front de libération de la Côte des Somalis prennent en otage un bus scolaire à Djibouti. Le lendemain, une compagnie de légionnaires et des membres du GIGN lancent l'assaut contre le bus, tuent les ravisseurs et libèrent la plupart des otages.*

3. *En 1979, des milliers de pèlerins sont pris en otage dans la Ville sainte. Le lendemain, la Garde nationale donne l'assaut. Cent vingt-sept militaires sont tués et des centaines de*

**Jean-Michel Fauvergue, si le GIGN a de toute évidence des racines militaires, le Raid, lui, a des racines policières tout aussi profondes…**

**J.-M. F. :** Avant de parler de la naissance du Raid, il faut d'abord parler de l'intervention dans la Police nationale. À l'origine, on trouve très en amont la BRI parisienne et les GIPN[4]. Effectivement, après l'attentat de Munich, il y eut la même prise de conscience au sein de la police, plus particulièrement dans la PJ parisienne où la BRI, la fameuse brigade antigang, créée en 1964 par le commissaire Le Mouël, est chargée de former une force d'intervention spécialisée dans les prises d'otages, les braquages, les interpellations musclées ou les attaques de type terroriste. Cette force recevra le nom de Brigade anti-commando (BAC), et n'interviendra que dans la zone de compétence de la PJ-PP (préfecture de police), à savoir Paris et la Grande Couronne. Tout aussi rapidement, des GIPN sont créés dans les grandes villes, soit onze groupes d'intervention qui dépendent de la Direction centrale des polices urbaines, aujourd'hui la Direction centrale de la sécurité publique.

Ces GIPN intervenaient évidemment dans leurs zones de compétence, parfois même au-delà, puisque les préfets des départements limitrophes pouvaient les saisir pour maîtriser un forcené ou mettre fin à une prise d'otages. Ces groupes d'intervention n'étaient pas beaucoup mieux équipés que les autres unités de la sécurité publique et ne bénéficiaient que d'un entraînement succinct. La différence, on la trouvait dans le caractère de ces hommes – effectivement des pionniers et des artisans comme l'a dit Thierry –, qui avaient le goût de l'action et la volonté d'en découdre.

---

*personnes blessées ! Le GIGN est appelé à la rescousse. Le 23 novembre, trois hommes du GIGN, en civil, atterrissent en Arabie saoudite. Lors de l'assaut, qui est un succès, plus d'une centaine d'insurgés sont tués.*

4. *Groupe d'intervention de la Police nationale.*

Rapidement, on s'est aperçu que certains GIPN servaient moins que d'autres. On a donc ramené leur nombre de 11 à 7[5]. Certains ont acquis une importance phénoménale, en particulier celui de Marseille, qui avait à sa tête un personnage très médiatique, jouissant d'une certaine aura : le commissaire N'Guyen Van Loc, surnommé Le Chinois. Il allait allègrement sur le territoire de ses voisins, intervenant pratiquement dans tout le sud de la France, souvent au détriment des autres GIPN. Il y avait là une désorganisation loin de la rigueur militaire que nous avons évoquée un peu plus haut !

En 1985, Pierre Joxe, alors ministre de l'Intérieur, souhaite la création d'un groupe d'intervention sur le modèle du GIGN, avec compétence nationale. Cette idée de créer le Raid s'était imposée à lui alors qu'il visitait une brigade de gendarmerie. Un major lui avait parlé du GIGN comme de la vitrine de la Gendarmerie nationale, il en avait conclu que la police, elle aussi, devait avoir son unité d'élite, sa vitrine…

À cette époque, Robert Broussard, ancien patron de l'Antigang, était l'un des conseillers de Pierre Joxe, place Beauvau. Il était l'homme idoine pour penser et créer une unité d'intervention. Le candidat de Robert Broussard, pour prendre la tête du futur Raid, était Ange Mancini, autre figure de la Police nationale. Mais ce n'était pas le candidat de Pierre Joxe qui lui préférait la figure fascinante du commissaire N'Guyen Van Loc. Celui-ci voulait rester à Marseille et avait proposé la création de deux Raid, l'un à Paris, l'autre à Marseille ! On était dans la déraison et la démesure… La fascination avait disparu. Le ministre n'a pas accepté cette proposition, d'autant moins lorsqu'il a reçu N'Guyen Van Loc dans son bureau. Au bout de dix minutes,

5. *En 1985, le nombre de GIPN est de sept, localisés dans les villes de Bordeaux, Lille, Lyon, Marseille, Nice, Rennes et Strasbourg.*

celui-ci s'est en effet excusé de devoir interrompre la conversation pour se livrer à sa séance quotidienne… d'une dizaine de pompes, dans le bureau du ministre ! L'anecdote m'a été rapportée par Pierre Joxe lui-même lors du trentième anniversaire du Raid, en octobre 2015. Pierre Joxe s'est finalement rendu aux arguments de Robert Broussard en acceptant de nommer Ange Mancini, un grand flic d'expérience.

Le télégramme qui lance les premiers recrutements date de 1984. Deux ans plus tard, le Raid est une réalité. Sa toute première affaire, très peu de temps après sa création, est une prise d'otages, à Nantes, où un prévenu, Georges Courtois, au beau milieu de son procès, prend magistrats, personnel administratif et une partie du public de la cour d'assises en otages avec l'aide de deux complices. Après des négociations menées par Ange Mancini et Robert Broussard – un conseiller ministériel sur le terrain, ce n'est pas commun ! –, Georges Courtois et ses complices sont cernés et interpellés par les policiers du Raid sur le tarmac de l'aéroport de Château-Bougon alors qu'ils tentent de prendre la fuite à bord d'un avion. Voilà les débuts du Raid dont la presse va se faire largement l'écho.

Pour résumer, le Raid est donc créé après le GIGN, mais il est l'héritier d'une tradition de l'intervention déjà bien établie, non seulement au sein des GIPN mais aussi au sein de la PJ-PP et de la BRI, la BRI qui fournira d'ailleurs la majorité des premiers recrutements du Raid.

Au départ, le Raid est formé principalement d'inspecteurs de police, qu'on appelle aujourd'hui officiers. Ils sont en civil, ont l'esprit « judiciaire », c'est-à-dire assez indépendants, trop peut-être, dans une unité comme celle-là. Il reviendra à Ange Mancini d'agglomérer ces individualités qui ont l'habitude de travailler quasiment en autarcie. Vous voyez qu'au départ, le Raid et le GIGN sont dans des configurations radicalement différentes !

**T. O. :** Je voudrais revenir sur cette première période en apportant deux précisions. Le GIGN était une sorte d'électron libre dans la gendarmerie, ce qui était un mal nécessaire. Peut-être était-il mal compris. Alors que j'étais un jeune lieutenant fraîchement débarqué au GIGN, un colonel m'avait déclaré que notre groupe aurait pu s'inspirer des SAS britanniques mais avait préféré ressembler aux Israéliens avec leurs cheveux longs et leurs dégaines décontractées ! Voilà quel genre de réflexion nous inspirions dans une partie de la gendarmerie, bien loin des considérations tactiques que suppose une intervention. Avec le recul, j'aurais dû lui répondre « non mon colonel, nous nous sommes inspirés des deux ».

Dès le départ le GIGN va être conçu comme un outil national, c'est-à-dire qu'il a une vocation à intervenir en France métropolitaine et outre-mer, ainsi qu'à l'étranger. On va avoir ce paradoxe d'un GIGN géré par la Direction générale de la gendarmerie, alors qu'il est enterré dans la Légion de gendarmerie mobile d'Ile-de-France, à Maisons-Alfort, qui est elle-même sous l'autorité de la région de gendarmerie de Paris. D'un côté donc, en ce qui concerne la gestion de ses personnels, le GIGN est placé à la même enseigne que les autres unités, mais de l'autre côté, au niveau de l'emploi, dépend du sommet de la gendarmerie. Cette situation va créer des jalousies au sein des structures territoriales et, rapidement, aussi bien le commandant du GIGN, Christian Prouteau, que son adjoint Paul Barril, vont se rendre compte que l'unité, à tout instant, peut être dissoute par la volonté de gens qui n'en auront pas saisi l'intérêt opérationnel, ne gardant du GIGN que l'image d'une unité peu conforme à celle alors traditionnelle de la gendarmerie. Longtemps donc, le GIGN a vécu sous la menace d'être dissous. La méthode choisie pour le « sauver » a été la médiatisation : plus il serait médiatisé, et moins la tentation de faire disparaître cet « anachronisme » dans le monde de la gendarmerie serait grande.

Jean-Michel a parlé de Pierre Joxe, or il faut savoir qu'à la même époque, l'ennemi juré du ministre de l'Intérieur, c'est le ministre de la Défense, Charles Hernu, un fan absolu du GIGN en particulier, et de la gendarmerie en général. À tel point que sa protection rapprochée est assurée par des hommes du GIGN, première expérience dans ce domaine, indépendamment de la création du GSPR[6] que va rejoindre une partie du GIGN, en 1981. Charles Hernu envisage même d'acheter un avion de ligne pour transporter le GIGN sur les lieux de ses opérations ! La destinée de Charles Hernu étant ce qu'elle a été[7], ses successeurs seront moins axés sur le GIGN. S'il était resté en poste, il est évident que Charles Hernu aurait poussé encore plus le développement du GIGN. À telle enseigne, cette anecdote que m'a rapportée l'un de ses gardes du corps. Un jour, le ministre, accompagné par deux gendarmes du GIGN assurant sa protection, prend l'ascenseur, à Lyon. Une personne rentre à son tour dans l'ascenseur et s'adresse à Charles Hernu en lui envoyant des « Monsieur le ministre » à tout bout de champ. Ce qui énerve Charles Hernu qui lance alors à l'inconnu : « Monsieur, vous savez qui sont ces deux personnes ? L'inconnu l'ignore. Le ministre lui répond alors : “Ils sont du GIGN, un mot de moi et vous êtes mort…” » Cela revenait à dire : « J'ai mes James Bond avec moi ! » Cette anecdote illustre combien il aimait cette unité qui sortait des sentiers battus. Une attitude qui ne plaisait pas vraiment à la hiérarchie. On peut dire que Prouteau et Barril ne se sont pas fait que des amis… Prouteau qui, une fois à l'Élysée, sauvera

6. *Groupe de sécurité de la présidence de la République, aujourd'hui composé de gendarmes et de policiers.*
7. *Emporté par l'affaire du Rainbow Warrior, Charles Hernu démissionne en 1985. Il sera remplacé par Paul Quilès.*

certainement le GIGN alors en difficulté au sein de sa propre institution.

**Il n'y avait donc pas que des considérations techniques qui devaient participer au développement, et même à la survie non seulement du GIGN mais aussi du Raid...**

**T. O. :** Dans ce métier de l'intervention, il y a quelque chose qui joue contre les unités spécialisées. En effet, un grand nombre de gens – c'était vrai hier mais ça l'est encore aujourd'hui – estiment qu'ils « sauraient peut-être faire aussi bien », que l'intervention, ce n'est pas « si compliqué que ça », qu'il suffit de quelques têtes brûlées avec un casque et l'équipement adéquat pour faire un métier qui n'est pas vraiment une spécialité. Le GIGN comme le Raid ont toujours eu à prouver que ce qu'ils faisaient était un vrai métier. On sait que les pseudo-spécialistes ne manquent jamais pour juger telle ou telle opération, alors qu'eux-mêmes n'ont jamais tenu un fusil et ne se sont jamais retrouvés dans une colonne d'assaut !

**J.-M. F. :** Ce que dit Thierry est très intéressant. Je suis totalement d'accord avec lui. Il y a une sorte de défiance systématique vis-à-vis des unités d'intervention, qu'il s'agisse du GIGN, de feu les GIPN ou du Raid. Un sentiment probablement aussi fort que l'admiration que certains peuvent porter à ces groupes. Sur les plus grosses opérations, en tout cas celles qui sont les plus médiatisées, on est pratiquement remis en cause à chaque fois ! C'est presque devenu un sport national dans les médias, et bien évidemment sur les réseaux sociaux où l'on devient expert en trois clics. Personnellement, j'ai pu le constater à Saint-Denis[8] où

8. *Le 18 novembre 2015, à Saint-Denis, après les attentats islamistes survenus cinq jours plus tôt à Paris et au Stade de France – 130 morts et plusieurs centaines de blessés –, une*

l'intervention, certes imparfaite, a été largement commentée par des gens racontant des âneries à la mesure de leur ignorance et de leur bêtise ! Mais nous y reviendrons un peu plus loin.

En ce qui concerne les décideurs politiques – et je suis bien placé désormais pour en parler en tant que député –, ils sont au fait des choses, ils savent de quoi sont capables ces unités-là. Selon moi, le danger ne vient pas d'eux. Le danger vient souvent de nos camps respectifs où certains estiment, ainsi que le soulignait Thierry, que les unités d'intervention sont inutiles, que n'importe qui pourrait faire le job !

**T. O. :** Qu'il s'agisse de l'opinion ou des décideurs politiques, l'impact d'un reportage sur un média de grande écoute est difficilement mesurable tellement il est important. On peut faire dix opérations qui sont des succès, si un gendarme du GIGN, un seul, commet une faute, même hors service, on le reprochera pendant dix ans au GIGN. On a cette espèce d'épée de Damoclès en permanence au-dessus de la tête. Jean-Michel a raison quand il dit qu'un décideur politique est extrêmement sensible à la façon dont on parlera de ces unités dans la presse. Cet impact-là, et je le déplore, est beaucoup plus important qu'on ne le pense.

**La situation est-elle identique à l'étranger, là où existent des groupes d'intervention, comme aux États-Unis, en Grande-Bretagne ou en Allemagne ?**

**T. O. :** Toutes les unités, en fonction du pays où elles se trouvent, ou de leur organisation propre, ont toujours des

*opération a lieu pour appréhender des membres de la cellule terroriste responsable de ces attaques. L'assaut dure sept heures et après des tirs nourris (plus de 1 500 munitions côté policiers contre 11 côté retranchés), les 3 terroristes sont tués.*

difficultés face à leur hiérarchie. Tous ces groupes ont des points communs qui peuvent hérisser les poils des grands chefs : elles coûtent cher, elles sont un anachronisme dans leurs structures et donc forcément, plus on en a besoin au quotidien, plus il est simple qu'elles se fassent accepter, moins on en a besoin plus ce sera difficile. Il n'y a pas d'unité d'intervention, en France ou à l'étranger, qui n'ait jamais été menacée d'entrée de jeu, marginalisée ou même ramenée à une unité aussi classique que les autres.

**J.-M. F. :** J'ajouterai que dans certains pays, c'est encore plus difficile pour ces unités d'exister et de travailler. Je pense notamment à l'Allemagne où le GSG 9[9] à compétence fédérale intervient très peu, devant laisser la place, la plupart du temps, aux unités locales présentes dans les Länder. D'où la remise en cause régulière du GSG 9 auquel on demande à quoi il sert. En France, on aime tout chiffrer. Alors on aligne les chiffres, et de manière essentiellement comptable on établit un ratio entre le nombre d'opérations par an et le coût du Raid ou du GIGN. Ce à quoi je réponds toujours qu'on ne se pose jamais la question quand on règle l'assurance de son appartement ou de son domicile. Se demande-t-on si elle va nous servir à quelque chose si on n'a pas d'accident de la route ou si son appartement n'est pas ravagé par un incendie ? Non, évidemment, on espère que rien de fâcheux n'arrivera, mais que si ce doit être le cas, on sera… assuré. Il en va de même pour le Raid ou le GIGN : on espère le plus sincèrement du monde qu'il n'y ait plus de forcenés, plus d'interpellations, plus d'attentats ni prises d'otages, mais on sait que si cela doit arriver, des hommes entraînés répondront présents pour sauver des vies au risque de perdre la leur !

---

9. *Comme en France, le « Groupe 9 de protection des frontières de la police fédérale allemande » a été créé après l'échec de l'assaut contre les preneurs d'otages palestiniens aux Jeux olympiques de Munich, en 1972. Par ailleurs, chaque Länder a également un groupe d'intervention mais à compétence uniquement régionale.*

Parmi les politiques, il y en a, heureusement, qui protègent et ont protégé nos unités. Je pense entre autres à Bernard Cazeneuve qui, dans une période exceptionnellement difficile, celles des attentats de 2015 et 2016, alors qu'il était ministre de l'Intérieur, a défendu la BRI et le Raid lorsqu'ils ont été mis en cause.

# COMMANDER DES « CHEVAUX DE COURSE »

**Commander une unité d'intervention a évidemment ses spécificités. Peut-on entrer un peu plus dans le détail, dans ce qui fait la nature même d'un tel commandement, afin que l'on comprenne bien les différences qui existent quand on est à la tête d'autres unités de la police ou de la gendarmerie ?**

**J.-M. F. :** Vous me pardonnerez, mais avant d'aborder les spécificités liées au commandement du Raid, je dois revenir sur ce que j'ai vécu à la tête des GIPN, de 1994 à 1997. À cette époque, les GIPN étaient déstructurés, mon objectif était donc de les remettre à niveau. Thierry parlait d'un temps d'entraînement minimum, d'un seuil au-deçà duquel il ne fallait pas passer. Ce temps d'entraînement, à l'époque, pour les GIPN, avait été fixé à 40 % du temps de travail. Il avait fallu une note de service pour l'imposer aux directeurs départementaux de la sécurité publique dont ils dépendaient !

Quand j'ai pris la tête du Raid, j'avais l'avantage de mon âge, 57 ans dont trente-cinq dans la police. J'avais commandé diverses unités opérationnelles de terrain et surtout une expérience de l'intervention avec les GIPN qui sont de petites unités agiles, et très soudées.

J'avais donc déjà un vécu en termes de management, avec ma manière de commander, ma façon d'organiser les choses. En outre, j'arrive à la tête du Raid en mai 2013, quatorze mois après l'affaire Mohammed Merah[1], ce qui me permet de tirer la leçon de cette opération concernant un type d'individu que nous devrions sûrement à nouveau affronter, un jour ou l'autre. On ne se demandait pas si cela allait nous arriver mais quand cela allait nous arriver.

Comme se doit de le faire un patron dès son arrivée, j'ai commencé par l'état des lieux, m'intéressant tout particulièrement au « moral de la troupe », afin de déterminer où chacun en était.

Si j'avais des avantages, j'avais aussi un inconvénient : celui de ne pas être issu du Raid, à la différence de Thierry qui avait déjà fait deux passages au GIGN avant d'en prendre la tête. Paradoxalement, si mon expérience à la tête des GIPN plaisait à certains, elle déplaisait en revanche à beaucoup d'autres, « détenteurs » de la tradition et qui y voyaient une menace. Pourtant, mon prédécesseur, Amaury de Hauteclocque, avait déjà commencé un rapprochement avec les GIPN, notamment par des recrutements et des entraînements communs au sein de la FIPN (Force d'intervention de la Police nationale) regroupant le Raid, la BRI et les GIPN. Il envisageait même la fusion du Raid et des GIPN. Les attentats, et le grand nombre d'opérations que nous avons dû mener, auront eu au moins le mérite de gommer ces réserves, et de nous rapprocher les uns des autres.

La première chose que j'aie faite, au niveau du commandement, c'est de créer un état-major permanent ayant autorité sur le Raid et tous les GIPN, et qui avait la

1. *Après avoir assassiné 7 personnes dont 3 enfants dans une école juive, au cours de 3 attentats distincts, à Montauban et Toulouse, Mohammed Merah est finalement tué par le Raid, le 22 mars 2012, après trente-deux heures de négociations, au cours d'un assaut lancé contre l'appartement où il s'est réfugié. À l'époque, le Raid est commandé par Amaury de Hauteclocque.*

possibilité de traiter H24 les affaires qui nous arrivaient. C'était un outil important, capable d'analyser une situation et d'informer à tout moment le commandant d'unité que j'étais.

On a recréé aussi une échelle de commandement opérationnel entre le chef d'état-major, Éric Béranger – l'un des officiers les plus anciens du Raid –, devenant ainsi le quatrième personnage le plus important de la structure (Laser 4, selon nos indicatifs radio). Parallèlement, cette structure était en lien avec les autres directions de la Police nationale, qui pouvaient nous solliciter de manière permanente.

Évidemment, en même temps, il a fallu évaluer l'évolution de la menace terroriste, à partir de l'affaire Mohammed Merah mais aussi d'un certain nombre de faits survenus à l'étranger, notamment l'attaque dans un centre commercial de Nairobi, au Kenya[2], en 2013. Évaluation que nous avons d'ailleurs menée avec le GIGN pour aboutir à des analyses communes. L'idée, vous vous en doutez, était de déterminer la tactique à adopter quand nous devrions faire face à ce type d'attaque. Cette analyse commune a jeté les bases de notre rapprochement avec le GIGN, sachant très bien qu'un jour ou l'autre nous aurions à gérer une affaire comme celle-là, et qu'on devrait travailler main dans la main, certainement pas dans un esprit de compétition.

**T. O. :** Ma première remarque est sémantique. Jean-Michel a dit qu'il était le « chef » du Raid, moi j'étais le « commandant » du GIGN. On voit bien, dès le départ, qu'il y a une approche différente. Selon moi, l'approche du commandement tient à deux choses. Elle tient, tout d'abord, aux compétences et ensuite au savoir-être.

2. *L'attaque du centre commercial* Westgate, *à Nairobi, s'est déroulée du 21 au 24 septembre 2013. Soixante-huit personnes ont été tuées et plus de deux cents autres blessées. Attaque revendiquée par le groupe islamiste al-Shabaab en riposte aux actions menées en Somalie par l'armée kényane.*

Pour exercer un commandement, encore plus dans une unité spécialisée, nul besoin de connaître toutes les technicités jusque dans le détail, mais il y a bien besoin de comprendre et de maîtriser les technicités de base. Et cette compétence est issue, dans un premier temps, de la formation et ensuite de l'expérience. La deuxième chose, c'est le savoir-être. Je pense qu'au Raid comme au GIGN, les gens sont très difficiles à commander, raison pour laquelle il faut un savoir-être pour gérer de fortes personnalités, et des compétiteurs pour qu'ils gardent l'esprit collectif, alors que ce sont des gens qui ont des velléités à être individualistes. C'est un peu la magie de ce type de commandement ; arriver à transformer une somme d'individualités en un outil collectif.

Il n'y a pas de savoir inné, tout le monde avec sa formation et son expérience acquiert du savoir. C'est avec ce savoir, et de l'écoute, que le commandant du GIGN et le commandant des structures qui sont dessous évaluent et comprennent, même si la décision appartient à un seul homme. Cette façon de construire à partir d'une réflexion collective fait la richesse de l'unité. Il n'y a jamais un gars qui dise : « Eh bien moi, j'ai découvert, je sais. » Nous avons fait nôtre cette phrase de Napoléon : « Délibérer est le fait de plusieurs, décider est le fait d'un seul. »

Le commandement au GIGN est basé sur la boucle vertueuse de « je me prépare/je vais en opération/j'en tire les leçons/je me reprépare/je vais en opération/j'en tire les leçons/je me reprépare, etc. ». Cette boucle-là, c'est la boucle que doit maîtriser celui qui a la responsabilité de l'unité. On a parlé du « darwinisme administratif », il n'y a pas de structure figée ; le GIGN d'il y a dix ans n'était pas le GIGN d'il y a trente ans et ne sera pas celui que nous connaîtrons dans vingt ans…

Les structures sont faites pour évoluer en fonction de ce que l'on estime être le plus efficace possible pour l'unité au service de l'institution pour laquelle elle travaille. Le commandement, c'est donc de mener des opérations, de préparer les gens et de se projeter dans un avenir assez proche pour permettre à l'unité d'évoluer dans les meilleures conditions possibles. Que ce soit en termes de formation ou en termes de matériels. Ce sont des choix de commandement, et même s'ils sont partagés, on arrive immanquablement à la « solitude du chef ». Une phrase résume bien cette situation : « Le cauchemar du décideur, c'est de raisonner juste avec des éléments faux. » Comme l'a dit Jean-Michel, il est essentiel que ceux dont on s'entoure contribuent à enrichir notre réflexion en nous apportant des éléments justes.

**Vous avez évoqué cette boucle que doit maîtriser le chef d'une unité (« je vais en opération/j'en tire les leçons/je me reprépare/je vais en opération », etc.). N'est-elle pas plus difficile à maîtriser lorsqu'une opération se déroule mal, qu'il y a des blessés ou un mort ?**

**J.-M. F. :** La crise répond au linéaire temporel classique de la vie : l'avant, le pendant et l'après. Ces temps-là, au Raid, nous les appelons le management de cœur, le commandement de guerre, puis le Retex[3].

Le management de cœur, c'est une belle définition qui veut dire qu'à un certain moment le patron doit pouvoir, compte tenu de l'analyse de la menace, être transparent avec ses hommes, dans l'échange, la discussion, et ainsi favoriser une préparation commune à la crise à venir.

Le commandement de guerre, c'est le moment de l'action où chacun doit être à sa place. Pour le patron, c'est dans le poste de commandement, au plus près du terrain, ou avec ses hommes dans la colonne d'assaut, à la place qui est la sienne. Mais avant tout, la responsabilité du chef au plus fort de la crise c'est de prendre des décisions, de distribuer les ordres.

3. *Retour sur expérience.*

Je reprendrai la phrase de Clemenceau : « Pour prendre une décision, il faut être un nombre impair de personnes, et trois c'est déjà trop. » Autrement dit, au plus fort de la crise, c'est le patron qui prend la décision, personne d'autre. C'est le temps de la « solitude du chef ».

La troisième période, le Retex, est celle de l'analyse et du *debriefing*. Il y a différentes techniques pour organiser ces retours d'expérience. Est-ce qu'on le fait tous ensemble, dès le départ, par groupes, par sections ? Ce retour doit-il être immédiat ? Doit-il être mûri ?

J'ai parlé de linéaire temporel, en réalité j'aurai dû plutôt faire référence à un cercle vertueux temporel, car la réflexion d'après-crise permet de mieux analyser celle qui s'annonce et améliorer ainsi le management de cœur afin d'être plus efficace au moment de l'action (commandement de guerre).

Dans le schéma ainsi décrit, il y a deux temps majeurs durant lesquels l'ensemble de l'unité, en particulier les spécialistes, les techniciens et les experts, peuvent faire évoluer les choses, dans l'avant et dans l'après car tous, à ces moments précis, sont dans leurs rôles, et peuvent faire valoir leurs remarques, leurs observations et leurs compétences.

En revanche, pendant la crise, il n'y a que peu de place pour la discussion et l'échange. Qu'on le veuille ou non, la réalité du terrain n'accepte pas le partage de responsabilité. À ce moment précis, la décision appartient au patron. Comme nous l'avons souligné, Thierry et moi, c'est à ce moment-là que l'on est confronté à la « solitude du chef ». C'est à lui et à lui seul d'assumer sa décision, bonne ou mauvaise.

**Comment gère-t-on plus précisément un échec ?**

**T. O. :** Quand une opération se finit mal, quand il y a un blessé ou un mort, c'est là qu'on mesure toute l'importance du collectif au sein du groupe. C'est à travers le collectif qu'on va tenter de trouver des réponses à des questions pas toujours faciles. Le commandant devient alors le phare dans la nuit, c'est lui qui donne le la, c'est lui qui va faire en sorte qu'on se serre les coudes de façon à se rapprocher, c'est lui qui doit absorber la pression que va mettre l'extérieur sur l'unité. Il ne faut pas que cette pression vienne se rajouter. D'ailleurs les membres du GIGN parlent du « groupe » quand ils évoquent leur unité.

Avant d'aborder le retex, qui est un élément fondamental et déterminant dans la boucle que j'ai évoquée un peu plus haut, je voudrais préciser qu'au GIGN, les gens doivent posséder une qualité qui est recherchée dès le recrutement : la capacité d'adaptation. Le commandement, une fois que l'on a pris une décision pour aller dans l'axe, c'est la capacité que l'on a à faire en sorte que les subordonnés s'approprient la mission qui leur est confiée. Quand c'est le cas, on peut dire que c'est gagné, car on est sûr que le subordonné va développer et enrichir la mission de ses propres connaissances. Je vais vous donner un exemple simple : quand on a travaillé au GIGN sur les nouvelles menaces, j'avais déterminé un concept qui était « la guerre du temps ». Pour la gagner, on avait des idées sur ce qu'il fallait faire. Un de mes officiers, patron de la force d'intervention, brillant tacticien, s'est approprié la mission et c'est lui qui a développé la notion du plan d'assaut immédiat : je sors du véhicule et je monte directement à l'assaut. Cela veut dire que moi je décris la chose, et je voudrais que lui la traduise et la développe à son niveau, qu'il s'approprie la mission à tous les niveaux. Quand on y parvient, une partie du commandement est gagnée. Cela semble simple à dire, mais cela se heurtait à l'idée établie et vérifiée au cours de centaines d'opérations, qu'il fallait obligatoirement reconnaître et réfléchir avant d'agir. Cela a entraîné de très nombreuses conséquences dans la manière de s'équiper et de s'entraîner.

Dieu merci, pour revenir à votre question, je n'ai jamais connu d'échec. Mais j'ai eu des blessés et des morts. Dans ces moments-là, tous les regards se tournent vers le commandement. Il devient un peu le berger, le patriarche, le père de famille. Cette notion-là est une notion peut-être plus paternaliste du commandement.

Quand j'ai pris la tête du GIGN, je suis allé me présenter à tous les patrons, notamment le directeur général de la Police nationale. Je parlais avec lui quand il m'a dit : « De toute façon, le Raid et le GIGN, une cervelle de moineau et un cœur de pigeon. » C'est vrai, lui ai-je répondu, mais pas pour la cervelle de moineau. Ce sont des unités avec un quotient émotionnel très fort, et même démesuré par rapport au rationnel. En dehors des opérations, dans les moments difficiles qui peuvent les toucher, ils sont pour la plupart en « surréaction ». Denis Favier, je vous rappelle, ancien patron du GIGN et directeur général de la gendarmerie, appelait cela le pathos. Ces hommes sont des affectifs et des émotionnels. Du coup, le commandement doit absolument en tenir compte. On ne peut pas être sur un mode uniquement rationnel et dire « tout est sur tableau Excel ». Impossible !

S'il n'y a pas une fibre humaine importante, cela ne passe pas. Au GIGN, il y a un endroit où l'on boit son café le matin, tout le monde y passe. C'est un peu le lieu où les quatre cents membres de l'unité peuvent se croiser à un moment ou un autre, sinon, entre les opérations, les entraînements et la grandeur de la caserne, on ne se verrait jamais ou pas souvent. Quand je venais prendre un café chaque matin, il y avait quelque chose à laquelle je faisais très attention, à savoir serrer la main de tout le monde, d'aller voir tous les gens qui étaient là. Il me semblait impossible de faire autrement : si le patron ne serre pas la main de quelqu'un, immédiatement les autres se demandaient pourquoi pas lui. Je le répète, l'émotionnel et l'affectif tiennent une place prépondérante, voire démesurée, au GIGN. Je ne sais pas si c'est la même chose au Raid. Il faut savoir gérer cet aspect-là, car c'est l'une des richesses du GIGN mais aussi l'une de ses grandes faiblesses.

**J.-M. F. :** Tout d'abord je note qu'à plusieurs reprises Thierry a employé le mot de « patron » qu'on utilise souvent dans la police pour désigner le chef, qu'il soit commissaire ou officier de police. Ce mot, comme l'a dit Thierry, a une connotation de patriarche et induit une notion de respect.

Oui, l'affect est partout, aux bons et aux mauvais endroits. Oui, discuter autour de la machine à café, le fait de passer dans les groupes, de saluer tout le monde, de dire un mot à chacun, c'est important et ce n'est pas de la démagogie, c'est tout simplement marquer de l'intérêt pour ces hommes auxquels on va confier des opérations qu'ils vont devoir mener à bien au risque de leurs vies. En outre, il faut bien comprendre que c'est une petite communauté où tout le monde se connaît, où les familles se connaissent.

Ma hantise, durant toute la période de mon commandement, c'était de perdre un homme. J'ai eu la chance de ne pas avoir de mort mais des blessés qui se sont bien remis. Cela dit, il y a des blessures invisibles. J'ai en mémoire une opération en région parisienne. Nous devions maîtriser un dangereux forcené qui avait tiré des coups de feu sur la voie publique avant de se retrancher à son domicile. Il fallait aller le chercher. Après de longues heures de tentative de négociations, nous avons été incapables de le ramener à la raison. Nous avons alors défoncé la porte, et pénétré dans les lieux en nous protégeant derrière le Ramsès[4], le bouclier de protection. Le forcené au lieu de se rendre nous a lancé un cocktail Molotov enflammant le couloir étroit dans lequel nous nous trouvions. Le négociateur a tenté à nouveau de le calmer, mais il est revenu vers nous avec un

4. *Le bouclier Ramsès, ou bouclier sarcophage, ainsi nommé en raison de sa forme, a été conçu par le Raid. Constitué de kevlar, il comporte un panneau frontal de 180 × 60 cm, avec sur chaque côté un panneau oriental de 175 × 30 cm. Chacun de ces trois éléments comporte une sorte de hublot qui permet à l'opérateur de voir ce qui se passe à l'extérieur. En raison de son poids – environ 180 kilos ! – l'ensemble est installé sur quatre roues. Des accessoires peuvent y être rajoutés, comme un éclairage.*

second cocktail qu'il a allumé. À ce moment-là, le premier de colonne qui se trouvait derrière le Ramsès a ouvert le feu, en double tir. Le forcené a été touché à la main et en plein cœur. C'est rare, sachant que 90 % des opérations se terminent par la reddition et l'interpellation du forcené, sans avoir eu à tirer un seul coup de feu.

Quand on est arrivé à la base à Bièvres, il faisait nuit. J'ai tout de suite vu que le policier qui avait tiré n'avait pas l'air d'aller bien. Plus ses collègues le félicitaient, plus il allait mal. Je l'ai fait venir dans mon bureau pour boire un verre avec d'autres collègues. Il n'avait pas l'air d'aller mieux. Je l'ai pris à part. Il venait d'ôter une vie. Il était fortement impacté au plus profond de lui-même. On a donc refait le film de l'assaut, je lui ai expliqué qu'il était difficile de faire autrement. On a parlé deux longues heures, il s'était détendu. Il allait mieux. Les jours suivants ce sont ses collègues, avertis de la situation, qui ont pris soin de lui, l'équipe a pris le relais.

C'est probablement le plus difficile pour un patron : après les félicitations collectives, repérer l'individu qui ne va pas bien, surtout dans l'exemple que je viens de citer. La parole devient alors plus essentielle que jamais, l'urgence étant de juguler la crise que l'on sent venir. Les mots sont simples mais il faut les dire et les répéter ; tu n'avais pas le choix, tu n'as commis aucune faute, tu as sauvé la vie de tes camarades, on te doit tous une fière chandelle, etc.

**Est-ce que l'un ou l'autre, vous avez eu recours à des psys ?**

**T. O. :** La notion d'aide psychologique suite aux traumatismes vécus en opération est une notion qui a progressé au cours de l'histoire. Prenons par exemple Ouvéa[5] où, pour la

5. *Le 22 avril 1988, sur l'île d'Ouvéa, en Nouvelle-Calédonie, des indépendantistes kanaks du FLNKS attaquent la gendarmerie. Quatre gendarmes sont tués, dont deux exécutés de sang-froid, trois indépendantistes sont blessés et un cinquième gendarme est grièvement*

première fois, des membres du GIGN ont été pris en otages. L'opération a été un succès tactique, je passe sur la polémique qui a suivi. Quand les gars sont rentrés en France, il n'y a eu aucun débriefing psychologique, aucune consultation psychiatrique ou psychologique, autant pour ceux qui avaient été pris en otages que pour ceux qui étaient montés à l'assaut, confrontés à des situations de guerre. Depuis, la situation a évolué, notamment grâce aux Américains qui ont parfaitement identifié le syndrome post-traumatique, et fait avancer la psychologie clinique adaptée au combattant. Aujourd'hui, il y a beaucoup plus d'aide. Avant, l'on considérait que « tu es un mec, un vrai, formé pour résister ». Aujourd'hui l'on n'a pas peur de dire qu'il peut y avoir des blessures psychologiques au même titre qu'il y a des blessures physiques.

Très tôt, le GIGN avait cependant développé une tradition à chaque fin d'opération. Les gens faisaient un repas entre eux sur les lieux de la mission avant de rentrer. Les psychiatres ont estimé que c'était une manière de procéder à une sorte de « lavage psychologique ».

Je me souviens que de retour d'une opération très marquante, j'étais allé voir ma petite fille dormir, comme un besoin de normalité et de paix après avoir vu des choses horribles. On traverse des moments d'une telle intensité, on

*blessé. Les vingt-sept autres gendarmes sont pris en otages et séparés en deux groupes. Le premier groupe sera rapidement libéré. Les seize otages restant sont emmenés dans une grotte. Rapidement, quarante-huit gendarmes du GIGN et de l'EPIGN (Escadron parachutiste de la Gendarmerie nationale), des hommes du 11e choc et des fusiliers marins du commando Hubert sont envoyés sur place. Alors que les négociations débutent, le chef des indépendantistes menace d'exécuter un des otages si le capitaine Legorjus, patron du GIGN, n'ordonne pas à ses hommes de se constituer prisonniers. Neuf hommes sont à leur tour pris en otages. L'assaut contre la grotte est lancé le 3 mai. Soixante-quinze hommes y participent. Les preneurs d'otages se défendent avec une mitrailleuse et des fusils volés lors de l'attaque contre la gendarmerie. Deux hommes du 11e choc et douze indépendantistes sont tués. Lors du second assaut, huit gendarmes du GIGN arrivent à pénétrer dans la grotte. Deux jeunes indépendantistes sont faits prisonniers. Tous les gendarmes pris en otages sont libérés. Des membres du FLNKS accuseront les forces de l'ordre d'avoir « exécuté sommairement » certains preneurs d'otages après l'assaut, d'avoir achevé un blessé, et d'avoir laissé mourir leur chef.*

croise si souvent les pires choses de l'humanité que l'on a besoin d'un « sas », avant de retrouver une vie normale. Les militaires français l'ont fait pour les soldats qui revenaient d'Afghanistan et qui passaient par le sas de Chypre, c'est un petit peu le même esprit.

Peu à peu, au GIGN, les médecins militaires qui y sont affectés ont fini par faire accepter de tous l'intérêt à avoir des suivis et des attentions psychologiques. Heureusement nous avons nos propres médecins, reconnus et acceptés des membres du groupe, qui peuvent s'occuper discrètement de ceux qui en ont besoin, sans que les autres sachent qu'ils sont allés voir un psy. Par ailleurs, dès la formation initiale, on inculque à nos hommes la nécessité d'être honnêtes envers eux-mêmes, de ne pas se mentir sur ce qu'ils sont et l'auto-gestion de l'individu sur sa santé physique et psychologique. Cela renforce le collectif. Quand quelqu'un au départ pour une opération avoue ne pas être en forme et qu'on le met à une fonction d'appui plutôt qu'à l'assaut, c'est quelque chose de tout à fait acceptable Vous n'entendrez jamais une réflexion du genre : « Tu es au GIGN, tu ne vas pas nous casser les pieds avec ça, tu es un "Marvel", tu dois y aller… »

Les équipes sont des équipes soudées qui se connaissent bien, et généralement les premiers signes avant-coureurs de quelque chose qui ne va pas sont perçus par les camarades qui vont faire rapidement traiter et, si besoin, remonter la chose.

Au GIGN, il y a deux choses importantes pour le patron. Un : qu'il soit vu par ses hommes comme un des leurs. Deux : que le patron soit accessible. En ce qui me concerne, je pratiquais ce que j'appelle le « commandement de la porte ouverte ». Si la porte était fermée, c'est qu'il y avait quelque chose de particulier, on ne pouvait pas déranger. Quand elle était ouverte, tous ceux qui voulaient s'arrêter pour dire bonjour ou pour parler de quelque chose pouvaient entrer. L'accessibilité fait que les gens viendront voir plus facilement le chef, qui est l'un des leurs et qui peut comprendre ce qu'ils ont à lui dire.

**J.-M. F. :** Je suis d'accord sur tous ces points. Il n'y a pas ou très peu de différences entre nos deux unités : l'hyperaffectivité de nos équipes, la porte ouverte, la notion de patron, être l'un des leurs, etc.

Ce que dit Thierry sur les blessures invisibles est aussi une réalité chez nous, et dans toutes les unités d'intervention du monde. Elles sont importantes, souvent bien plus difficiles à guérir qu'une blessure par balle. Non seulement celles des opérateurs mais aussi celles de leurs familles dont il faut tenir compte, car elles peuvent influencer le comportement du policier ou du gendarme.

Dans la Police nationale nous avons un système que je trouve personnellement bien fait. Un service de soutien psychologique opérationnel (SSPO) est mis à la disposition de toutes les unités de la police. En revanche, il s'agit de démarches personnelles et individuelles, et là on se heurte à une problématique, en particulier dans des unités comme le Raid. En effet, tout se passe, si j'ose dire, dans l'ombre, comme si personne ne devait le savoir. Il y a encore, il faut bien le dire, une difficulté à reconnaître la nécessité de se faire aider psychologiquement.

Pour ma part, à l'issue de l'opération de l'*Hyper Cacher* de Vincennes, j'ai organisé des séances avec des psychologues, en trois temps. Une équipe du SSPO, essentiellement composée de jeunes femmes – ce qui n'était pas un fait exprès –, est venue à Bièvres. Elles sont passées dans tous les groupes. Dans un premier temps, leur rôle devait se limiter à informer et à dire : « On est à tel endroit, on organise des permanences. Venez nous voir si vous ressentez le besoin de discuter un peu. » Un certain nombre de policiers y sont allés, sans que je sache de qui il s'agissait, ni combien ils étaient. C'était la condition et la règle. D'autres n'y sont pas allés. Pour un petit nombre d'entre eux, les familles ont demandé – toujours après l'opération de Vincennes – à ce que leur mari ou leur compagnon quittent l'unité. On a eu une douzaine de départs que l'on a accompagnée dans les meilleures conditions.

Malgré tout, je dois avouer que mon expérience avec cette équipe de psychologues n'a pas été sans poser de problèmes. À l'issue de ces séances, elles ont demandé à me parler. Je les ai évidemment reçues sans hésiter. Je dois préciser qu'elles avaient une moyenne d'âge de 28 ans. Elles voulaient me parler d'un certain nombre de problèmes qu'elles avaient identifiés. Elles commencent par me dire que les gars estiment ne pas être reconnus, pas assez de médailles, pas assez de moyens, pas assez de séances d'entraînement… Je leur ai tout de suite coupé la parole, en leur expliquant qu'il s'agissait de revendications syndicales du type de celles qui arrivaient sur mon bureau toutes les semaines, et pour lesquelles j'avais des échanges fournis et réguliers avec les représentations professionnelles, que ce n'était pas cela que j'attendais des psys qu'elles étaient. Je voulais qu'elles me disent ce que mes hommes avaient dans la tête, et comment ils avaient vécu cet assaut de la porte de Vincennes. « Parlez-moi des problèmes qui les impactent psychologiquement, leur ai-je dit, et qui pourraient les empêcher de mener à bien leur mission. » Je me souviens notamment leur avoir demandé si le comportement, les réactions de familles, étaient un problème… Elles m'avaient avoué ne pas avoir creusé le sujet ! Cette expérience en particulier m'a laissé un goût amer. Cela dit, loin de moi l'idée de remettre en cause leur travail qui reste essentiel dans de nombreux cas. Je pense tout simplement que ce jour-là elles avaient raté leurs objectifs.

Pour résumer, je confirme qu'il y a aujourd'hui une vraie prise en compte de ces blessures invisibles. Malheureusement, ce sont les attentats que la France a connus, en 2015 et 2016, qui ont fait progresser ces choses-là, non seulement pour les équipes d'intervention mais aussi pour les autres équipes qui interviennent, en particulier pour celles qui sont le plus souvent en contact avec l'horreur, en particulier – on n'y pense jamais assez – les équipes de la police technique et scientifique chargées des constatations sur les scènes de massacre.

**T. O. :** Effectivement, les psys sont essentiels. Aujourd'hui, c'est une évidence. Néanmoins, il faut que le psy sache ce qu'est une unité d'intervention et qui sont les gens qui y servent. Quand on passe les tests de sélection pour entrer au GIGN, on passe notamment une batterie de tests psychotechniques. À une époque, nous avions décidé de réactualiser ces tests. Nous avons demandé aux psys de dresser le portrait psychologique type des hommes ou des femmes du GIGN, avec l'idée de recruter des candidats ayant le même profil, car le profil type semblait satisfaisant au regard de la réussite opérationnelle de l'unité. Les psys nous ont alors expliqué que ce profil type ne correspondait à rien de « normal ». C'est-à-dire que si ces hommes, à l'époque il n'y avait pas encore de femmes, n'appartenaient pas au GIGN, on dirait, au regard de ce qu'est la « normalité », on dirait qu'ils sont tous… ou tout au moins à moitié fous !

C'est la raison pour laquelle le dialogue, la « confession », est difficile de la part d'hommes et de femmes qui ont le sentiment que peu de gens, les psys comme les autres, peuvent les comprendre. Cela s'applique systématiquement à toutes les organisations assez fermées qui ont des missions peu « ordinaires » au sens premier du terme. C'est pour cela qu'ils ne s'ouvrent vraiment qu'aux gens qui font partie de leur monde. Du coup, les psys sont rejetés ou instrumentalisés. En revanche, nos gars s'ouvriront plus facilement face aux médecins du GIGN, car ce sont « leurs » médecins qui, forcément, vont mieux les comprendre. Le « toubib » du GIGN est dans la colonne d'assaut, avec eux, il les connaît, il les comprend. C'est la première personne vers laquelle ils se tourneront, la première personne avec laquelle ils vont parler en toute franchise. Et c'est ce toubib, ce frère d'armes, qui éventuellement va les orienter vers un psy. Mais je le répète, il faut que ce ou cette psychologue soit formé – c'est de plus en plus le cas avec le syndrome post-traumatique – pour comprendre quelqu'un qui vit dans une unité d'intervention. Sinon on court à l'échec, il y aura un rejet, et cela ne servira absolument à rien de confronter des gens à des psys.

Je me souviens d'un test psychologique passé pour suivre la formation des nageurs de combat, un test assez connu qui consiste à dire ce que l'on voit dans des taches d'encre. Un de mes gars qui passait le test répondait à chaque fois que la tache ne lui faisait penser à rien. « J'vois rien », disait-il à chaque fois. À la fin, quand la psy lui dit que le test était terminé, il s'est levé et lui a dit : « Vous savez, à chaque fois j'ai imaginé un vagin. » Je ne sais si la psy l'a classé obsédé sexuel. Ce que je veux dire, c'est qu'il y a des clés pour comprendre et communiquer. On les a formatés pour travailler en situation de stress, ce qui en fait des gens imperméables, en apparence, aux contraintes psychologiques et joueurs.

**J.-M. F. :** Je me souviens de cette phrase de Jean-Louis Fiamenghi répondant à un journaliste qui lui disait : « Mais vos gars, ils sont un peu fous, non ?

— Mais bien sûr qu'ils sont fous, avait répondu l'ancien patron du Raid. Comment voulez-vous ne pas être fou pour franchir une porte derrière laquelle quelqu'un vous attend pour vous tuer ? »

Oui, il faut des clés. Mais je suppose que c'est aussi vrai pour tout groupe constitué, j'imagine que pour comprendre une équipe du top 14, il faut aussi des clés ; on ne s'adresse pas à des rugbymen comme à des footballeurs ou des navigateurs solitaires...

J'ai pu constater la limite des psychologues et de leur « science » lors des recrutements auxquels participe le patron du Raid. Avec les psychologues, quand les candidats étaient hyper bons ou hyper mauvais, nous n'avions pas de problème, l'évidence nous mettait d'accord. En revanche, quand leur profil psychologique était moins évident, les psychologues émettaient des appréciations du type « réservé ++ ou –+ ». Quand je leur demandais si de tels candidats pouvaient intégrer notre unité, je n'avais pas de réponse nette. La décision me revenait. Autrement dit, à la fin des fins, c'est toujours le patron qui décide, avec ou sans l'aval des psychologues, à l'aune de sa propre expérience des hommes et du commandement. Et je me demande si, finalement, ce n'est pas le plus important.

**L'une des difficultés, quand on est à la tête de ce genre d'unité, n'est-ce pas de les « faire vivre », de gérer les hommes dans les périodes de calme, quand il ne se passe rien ?**

**T. O. :** Selon moi, le chef d'unité à deux objectifs. Premièrement, vis-à-vis de sa hiérarchie, c'est de conserver – empruntons le langage commun à toute entreprise – sa part de marché, voire de l'accroître. La deuxième chose, c'est de faire en sorte d'obtenir les budgets que l'on estime nécessaires pour avoir les moyens, en hommes et en équipements, à la hauteur de ce que le commandant entend faire de son unité. Tant qu'on n'est pas entendu, notamment dans ces périodes de grand calme ou de restriction budgétaire, le travail du commandant d'unité est fondamental, car c'est à lui qu'il revient de persuader les grands chefs d'investir dans certains domaines, de renouveler tel ou tel type de matériels qui peuvent coûter cher, de développer des technologies d'avenir pour être plus efficaces. Croyez-moi, c'est un travail de chaque instant pour lequel il faut savoir montrer ces talents de persuasion mais aussi de séduction !

**J.-M. F. :** On comprend la position pour le moins inconfortable du chef d'unité qui doit être loyal à la fois à ses chefs et à ses effectifs. La loyauté n'a pas qu'un sens ; elle circule de bas en haut et de haut en bas. Autrement dit, le patron du Raid – ce doit être la même chose pour le commandant du GIGN – se trouve entre le marteau et l'enclume, compte tenu de la remise en cause constante de ce type d'unité qu'il y ait de l'activité ou pas. Il faut aller dans le sens décidé par la hiérarchie parce qu'on fait partie d'une organisation – la police pour les uns, la gendarmerie pour les autres –, mais aussi ne pas trahir ses hommes qui vont risquer leur vie pour mener à bien leur mission. C'est quelquefois difficile mais cela fait aussi la beauté d'un commandement.

**T. O. :** Longtemps le GIGN a été cette équation que vient d'évoquer Jean-Michel, mais il a aussi été la seule unité d'intervention à compétence nationale. Notre groupe d'intervention avait un « fonds de commerce » constitué de petites – mais toujours dangereuses – opérations qui maintenait son activité, ce qui était important aux yeux des grands chefs mais aussi pour l'entraînement et le moral de nos hommes. La donne a changé avec la création des GIGN en province. Oui, c'est toujours difficile – pardonnez-moi l'expression –, de garder les « chevaux de course » quand ils sont à l'écurie ! Leur préoccupation presque quotidienne, c'est d'aller en opération. Par ailleurs, il y a un grand nombre d'effets induits. Le premier, dès qu'il y a une grande opération, on constate qu'au GIGN, dans les mois qui suivent, on a un moindre engagement par le niveau central. C'est un constat qui a été fait tout au long de l'histoire du GIGN. C'est le fait de la direction générale, et non des hommes eux-mêmes, qui rechigne à engager le groupe après une grosse opération.

Autre effet induit : la légitimité du chef opérationnel, liée à son engagement lors d'une opération. Plus il est en opération, plus il est légitime. Il y a donc un moment où il faut renouveler son « stock » de légitimité.

**Et comment fait-on pour occuper ces « chevaux de course » quand il n'y a pas assez d'activité ?**

**J.-M. F. :** Quand Ange Mancini disait qu'il était difficile de tenir les gens quand ils ne sont pas en opération, c'est parce qu'à son époque le Raid était très peu engagé par rapport aux GIPN. Ceux-ci qui étaient engagés sur des affaires que le Raid ne prenait pas. Ce qui était normal, puisque, au début, il fallait calibrer le Raid en tant qu'unité d'élite sur un certain niveau d'opération.

Personnellement, j'ai du mal à répondre à cette question-là. J'ai en effet peu vécu la « pénurie », ou le « désœuvrement » ayant commandé le Raid durant une période où les attentats et les prises d'otages nous ont beaucoup mobilisés. Le « calme » était plutôt le bienvenu puisqu'il permettait aux hommes, parfois épuisés, de prendre des jours de congé et de se reposer. En outre, il faut rappeler que depuis quelques années le Raid et les GIPN (devenus antennes du Raid) comptabilisent quelque quatre cents opérations par an, notamment des interpellations dangereuses pour assister, entre autres, nos collègues de la PJ ou de la sécurité publique. Même s'il s'agit d'opérations moins complexes que celles qui impliquent des terroristes, elles sont utiles pour entraîner les hommes, mais aussi pour se coordonner avec les effectifs et enfin pour l'image de marque du Raid, vis-à-vis des collègues qui sont soulagés de pouvoir profiter de son expérience.

**T. O. :** Pour sa part, le GIGN doit gérer deux choses : les périodes de calme et celle de suremploi. L'une comme l'autre ne sont pas de bonnes périodes. Le problème avec ces unités est qu'elles doivent avoir un fond d'entraînement minimum. Il y a un seuil sous lequel il serait dangereux de passer. Si on ne se prépare pas individuellement et collectivement, on perd en efficacité. Toute l'histoire du GIGN n'a été que de gagner de l'autonomie vis-à-vis de la hiérarchie centrale, étant bien entendu qu'autonomie ne veut pas dire indépendance. Une autonomie dans l'emploi, une autonomie en matière de ressources humaines, tout cela le GIGN l'a acquis de haute lutte au sein de la gendarmerie au fil des années. Au fur et à mesure que le GIGN gagnait en autonomie d'emploi, on se rendait compte que les gens demandaient des missions. Aujourd'hui, l'engagement du GIGN se fait toujours par l'administration centrale pour les missions les plus sensibles ou risquées, mais avec un avis conforme de l'état-major du GIGN. De fait, nous gérons moins le sous-emploi. Mais il y a quelques années, le sous-emploi, je l'ai moi-même constaté, survenait surtout après de grandes opérations comme je l'ai expliqué un peu plus haut, l'administration centrale ayant le souci de préserver les hommes, physiquement et psychologiquement.

# DE LA PLACE DES FEMMES

**On parle beaucoup des hommes dans ce type d'unité, mais il y a aussi des femmes, même si elles ne sont pas très nombreuses…**

**J.-M. F. :** Je suis intimement persuadé que s'il y a un endroit où les femmes ont leur place, c'est bien au sein d'une unité comme le Raid. Contrairement à la police de sécurité publique où les effectifs sont comptés, au cours d'une intervention, au Raid, on ne se retrouve jamais seul, même pas en binôme ou à trois ou quatre. Nous ne sommes jamais en sous-nombre, jamais isolés, chacun dans l'équipe aide l'autre. Ce que je veux dire, c'est que l'argument de la « faiblesse physique » des femmes, que certains mettent en avant, opposée à la « force » des hommes, n'est pas un argument recevable dans ce cas précis. Donc, la femme peut avoir sa place dans une colonne d'assaut. La problématique est tout autre. Elle concerne le matériel lourd que chaque opérateur porte sur le dos, cette carapace d'une quarantaine de kilos semble être rédhibitoire à tel point qu'aucune candidate ne se présente aux tests de sélection. Je suis persuadé que cette autocensure disparaîtrait, si demain on avait un matériel tout aussi protecteur mais beaucoup plus léger.

Quand j'étais le patron du Raid, il y avait deux policières qui avaient été recrutées quand notre unité faisait encore de la surveillance et des filatures. Quand on a abandonné cette activité avant mon arrivée, elles sont restées au Raid mais dans les bureaux à renseigner des tableaux de statistiques ou à conduire des voitures pendant les interventions. Autrement dit, elles avaient été reléguées à des tâches annexes qui n'étaient pas les leurs. Je leur ai alors proposé d'être snipers. Elles ont accepté. Elles ont passé tous les tests ont suivi toutes les formations et ont bien rempli leur mission pendant deux ans. On a essayé d'en recruter d'autres, mais faute de candidatures, à cause de cette fameuse autocensure, nous n'avons plus de femmes snipers aujourd'hui au Raid. Les autres femmes présentes au Raid, hors la section chargée de l'administration, sont au nombre de trois. Elles appartiennent au groupe négociation qui connaît une mixité intégrale.

Dans l'avenir, je pense que si on évolue dans les équipements, les femmes intégreront les colonnes d'assaut. Ce n'est pas gagné d'avance ! Nous sommes dans des univers fortement testostéronés et les résistantes sont fortes. Certains sont mêmes totalement bloqués à cette idée d'accepter des collègues féminines au cœur des opérations ; négociatrice, ça passe, sniper, cela avait fini par passer, mais dans la colonne d'assaut, pour le moment, c'est difficile… Et même – ou surtout – au niveau du commandement. J'en veux pour preuve un épisode qui en dit long sur le positionnement de la hiérarchie à ce sujet. C'était en 2016, à l'époque, le numéro trois du Raid était un commissaire et je devais en recruter un nouveau… ou une nouvelle. En effet, parmi les candidatures, j'avais reçu celles de deux femmes commissaires. L'une était à la sous-direction antiterroriste (SDAT) de la DCPJ, et l'autre avait dirigé deux BRI dans le sud de la France. La première avait finalement changé d'avis. La seconde – après, vous vous en doutez un examen minutieux de son dossier et de ses compétences – remplissait toutes les cases. Je l'avais donc proposée au DGPN, qui avait refusé estimant que le Raid n'était pas prêt pour recevoir une femme à ce poste. J'étais évidemment d'un avis contraire.

**T. O. :** Je voudrais rappeler qu'au début des années 2000, il y avait eu un arrêt de la Cour européenne après qu'une femme ait été déboutée en Grande-Bretagne après avoir voulu passer les tests d'entrée dans les commandos marine britanniques, ce qui lui avait été refusé. L'État britannique avait donc été condamné considérant qu'il y avait une discrimination entre hommes et femmes.

Au GIGN, la femme est un équipier comme les autres. De deux choses l'une, soit on considère que la femme est un équipier comme les autres pour l'intervention et on recrute un équipier, ni un homme ni une femme. On estime que tout équipier est interchangeable pendant l'intervention. Aujourd'hui, Untel est premier dans la colonne quand le lendemain il sera troisième, dernier ou à l'appui.

Au GIGN, pour servir dans les forces d'intervention et de sécurité-protection, il n'y a pas de tests hommes ou tests femmes, il y a des tests équipiers. Une femme se présente, elle passe les mêmes tests que les hommes. À ce jour, aucune femme ne les a réussis, mais je ne crois pas qu'elles soient nombreuses à les avoir tentés. Cela dit, il y a des domaines où l'on cherche des femmes dans certaines spécialités. Comme au Raid autrefois, il y a toujours au GIGN une spécialité qui s'appelle observation-recherches, c'est-à-dire filatures et collecte de renseignements. Dans un dispositif de ce type il faut évidemment des hommes et des femmes pour mieux se fondre dans la population. Et les femmes candidates passent des tests qui leur sont adaptés.

Contrairement au Raid, il n'y a jamais eu de femmes négociatrices. Pour une raison simple : tous les négociateurs sont issus de l'intervention, et comme il n'y a pas de femmes à l'intervention, la question est vite résolue. En outre, je ne suis pas sûr que la sensibilité féminine favorise nécessairement la négociation. La négociation est une technique. Il y a des gens plus ou moins doués, hommes ou femmes, pour ce genre d'exercice. Rien n'est encore venu démontrer qu'il y avait une différence entre hommes et femmes, de ce point de vue-là. Néanmoins, quand après une année de formation les stagiaires deviennent opérationnels et peuvent donc partir en mission, tous, auparavant, ont suivi le même stage, durant lequel ils acquièrent un tronc commun, avant d'être formés dans leur spécialité : soit dans la sécurité-protection, soit dans l'intervention, soit dans l'observation-recherches. Historiquement, le GIGN et les unités dont le GIGN a hérité des traditions étaient des unités 100 % masculines.

L'arrivée des femmes a montré deux choses. D'abord, que la femme a plus de volonté que l'homme. Quand on pousse les gens à bout dans les stages, jusqu'à leur faire repousser leurs limites, on se rend compte que les femmes craquent toujours plus tard que les hommes. Franchement, au début, ce fut une grande découverte de découvrir cette force, cette volonté des femmes.

La seconde chose que nous avons constatée, c'est qu'avec la présence des femmes, les hommes, toujours plus ou moins machos, craqueront plus tard ; un « homme ne craque pas devant une femme ». En outre, il y a des domaines opérationnels où les femmes ont progressé plus vite que les hommes. Je pense notamment à « l'ouverture fine » – par opposition à l'ouverture chaude : explosifs, vérin, masse, etc. –, en gros, tout ce qui va relever de la serrurerie.

Aujourd'hui, il y a des femmes dans l'opérationnel, il n'y en a pas dans l'intervention. Il y en aura peut-être un jour, si une femme arrive à se présenter aux tests et à les réussir. Le problème est toujours le même ; si un gars est blessé dans une colonne, le coéquipier doit le prendre sur son dos avec tout son équipement, ou alors le tirer.

Ces femmes se sont fait une place dans ce monde de testostérone. Et elles y sont respectées et s'y affirment. D'abord parce qu'elles ont fait le même stage que les autres pendant un an, et qu'elles ont souffert comme les autres…

**J.-M. F. :** Je voudrais juste préciser que lorsque le Raid faisait des filatures et du travail de surveillance, il avait recours à des équipes mixtes pour les mêmes raisons que le GIGN et comme le font aujourd'hui les BRI de la police judiciaire. Quant à la sensibilité supposée des femmes négociatrices, je confirme ce que dit Thierry, elles ne sont pas utilisées en raison de leur sexe, mais pour leurs compétences de la même façon que leurs collègues masculins.

Maintenant, je voudrais parler d'une femme extraordinaire que j'ai recrutée au Raid un an avant mon départ. Une femme médecin. Il faut préciser que les médecins du Raid ne consacrent que 60 % de leur temps à l'intervention et le reste à leur activité dans le monde médical classique, sachant que la plupart sont urgentistes.

Cette femme médecin qui est entrée au Raid a la particularité d'avoir été championne du monde de boxe anglaise. Je me suis posé quelques questions avant de l'intégrer. D'abord au sujet de sa double nationalité, elle est en effet franco-marocaine. La question de ses origines est importante dans une unité dont l'une des préoccupations majeures est le contre-terrorisme et qui se doit d'être méfiante par rapport à des tentatives d'entrisme. Ma seconde interrogation était beaucoup plus terre à terre, compte tenu du machisme de certains policiers du Raid : c'était une femme. Mais elle a su s'imposer, et je peux vous garantir qu'ils ne lui ont pas fait de cadeaux ! Notamment dans la salle de sport quand elle boxait avec certains d'entre eux ; il lui arrivait de revenir avec des gnons ! Je sais qu'aujourd'hui elle a su trouver sa place et est parfaitement intégrée.

Enfin, dernier point, je vous rappelle que lors des manifestations des Gilets jaunes, on a pu voir des femmes dans les rangs des gardes mobiles et des CRS. Ce qui prouve que les femmes sont tout à fait capables de se faire une place dans ces unités-là, et il n'y a pas de raison qu'on ne les retrouve pas un jour ou l'autre dans une unité d'intervention.

# LES MISSIONS

**Outre les interventions, le Raid et le GIGN doivent aussi assurer des missions de protection des ambassades de France à l'étranger. Missions loin d'être anecdotiques dans l'activité de vos unités...**

**T. O. :** Effectivement, aujourd'hui, il n'y a pas un seul pays en guerre sans des hommes du Raid ou du GIGN pour assurer la sécurité de l'ambassadeur et de l'ambassade. Cette protection est une mission partagée par nos deux unités depuis de nombreuses années, et très bien répartie entre la police et la gendarmerie.

Les premières missions, si ma mémoire ne me trahit pas, doivent remonter à la révolution en Roumanie, en 1989, il y a donc une trentaine d'années. Je me souviens que l'EPIGN (Escadron parachutiste d'intervention de la Gendarmerie nationale) avait envoyé des hommes pour protéger l'ambassade de France. Avant cela, avant que le Raid ou le GIGN ne prennent en charge ces missions, la protection des ambassades était assurée par des unités militaires, des gendarmes ou des policiers, notamment des CRS.

Il ne s'agit pas seulement des gardes d'ambassade. Lorsqu'un pays traverse une crise, un état de guerre ou de guerre civile, il peut être nécessaire d'envoyer des gendarmes du GIGN ou des policiers du Raid pour assurer la sécurité de l'ambassadeur, voire des autres diplomates, ou encore d'organiser le plan de défense de l'ambassade, quand la France peut être une cible.

Je crois que le Raid et le GIGN ont suivi la même trajectoire. À l'origine, il y a eu des ambassades dans des pays en guerre où une dizaine d'hommes du GIGN assuraient à eux seuls le dispositif de sécurité. Peu à peu, le nombre de pays en crise allant croissant, la nécessité de former des hommes plus particulièrement à ces missions s'est fait ressentir. Dans le même temps sont apparus des dispositifs mixtes entre les hommes du GIGN et des gendarmes formés par le GIGN, qu'on appelle des TEASS (techniciens en escorte d'autorité et sécurisation de site).

**Est-il logique de confier la protection d'une ambassade à des unités vouées à l'intervention ? N'est-ce pas un métier très différent ?**

**T. O. :** C'est au contraire une activité naturelle à un groupe d'intervention. Nos homologues étrangers le font aussi, comme le GEK Cobra autrichien. Autre exemple, celui de l'ancien chef du GSG 9 fédéral allemand, qui est devenu le patron des formations qui assurent la protection des ambassadeurs allemands.

Je crois qu'il faut préciser qu'il y a deux types de missions. Il y a celle que nous avons le temps de préparer en amont, quand il s'agit de protéger et sécuriser une ambassade avant qu'une situation ne se dégrade, et la mission que l'on doit déclencher dans l'urgence dans un pays qui bascule dans une crise ou une guerre civile. Ce fut le cas en 2011, en Libye. On s'en souvient, la France s'était engagée dans une coalition contre le colonel Kadhafi. Une partie de l'opposition libyenne s'était réfugiée à Benghazi, et il avait fallu installer une représentation française dans cette ville. Le représentant français avait dû rejoindre Benghazi depuis l'Égypte et il avait fallu assurer sa sécurité. Une première équipe du GIGN embarquée dans un avion militaire en France avait été parachutée en mer au large de la Libye puis récupérée par la Marine nationale, avant de préparer et sécuriser l'arrivée du représentant français. Parmi le matériel que transportaient les gendarmes se trouvaient des valises de billets pour louer des bâtiments qui feraient office d'ambassade temporaire. Dans le même temps, d'autres gendarmes du GIGN escortaient le diplomate arrivant par la route.

**J.-M. F. :** Je poursuivrai le propos de Thierry en précisant que ces opérations sont réalisées dans le cadre d'une mission générale qui s'appelle la protection des VIP, des personnes à risque, mais aussi la protection des locaux diplomatiques et consulaires qui représentent la France à l'étranger. Cette mission, effectivement, est dévolue traditionnellement aux forces de sécurité intérieures, la police et la gendarmerie, plus précisément au GIGN et au Raid et à ses antennes régionales.

Il arrive, en cas de menace, que le Raid ou le GIGN renforcent des équipes du SDLP (Service de la protection) autour du président de la République ou de ministres, quand ils sont sur le territoire national ou dans certains pays étrangers. Il peut s'agir par exemple d'utiliser les snipers ou les maîtres-chiens de nos unités.

À l'étranger, le Raid est aujourd'hui positionné dans deux ambassades à « risques » : Beyrouth et Kaboul.

À la différence du GIGN, le Raid, toujours en ce qui concerne l'étranger, n'intervient pas pour stabiliser une situation ; il intervient en renfort quand la situation est stabilisée mais encore dangereuse. D'abord parce que le Raid – hors territoire diplomatique – n'intervient pas à l'étranger, ensuite parce qu'il n'a pas les équipements et les compétences militaires du GIGN dans ces domaines-là. Le Raid a bien une équipe de parachutistes, mais c'est une équipe très restreinte.

**Concrètement, l'opération de parachutage sur Benghazi n'aurait pas pu être menée avec le Raid…**

**J.-M. F. :** Effectivement. Il faut rester modeste, chacun ses spécialités. Nous aurions pu assurer l'escorte du représentant français par la route, mais certainement pas procéder à un parachutage massif. Le Raid n'en a pas les moyens. De toute façon, on ne fait pas appel à notre unité pour ce genre de missions qui se rapprochent plus d'une opération à caractère militaire.

Pour revenir à la protection des ambassades dans le monde, la mission est répartie à parts égales entre policiers et gendarmes. Par exemple, lorsque j'étais attaché de sécurité intérieure au Mali, la protection de l'ambassade et la sécurité de l'ambassadeur étaient assurées par les gendarmes.

Dans la police, cette protection est gérée par la Direction de la coopération internationale – l'ancien SCTIP[1] –, qui s'occupe de former les gardes d'ambassade, qu'il s'agisse de la protection des bâtiments ou de la sécurité de l'ambassadeur et du personnel.

Ces équipes de protection ne sont pas toujours composées que des seuls hommes du Raid. Par exemple, à Kaboul, sur la trentaine de policiers qui assurent la protection de l'ambassade, seuls six appartiennent au Raid, les autres sont des hommes du SDLP, formés par le Raid, et des CRS ou d'autres directions actives.

**« Ambiance » forcément très différente que ce que peuvent connaître les hommes en intervention…**

**J.-M. F. :** Très différente, en effet, et souvent très éprouvante, car nous intervenons toujours, comme nous venons de

1. *Le Service de coopération technique internationale de police a été remplacé par la Direction de la coopération internationale, en 2010. La DCI est une direction commune à la Police nationale et à la Gendarmerie nationale.*

le dire, dans des pays en crise ou en guerre. Je me souviens être allé en Afghanistan pour étudier le type de mission que remplissaient les policiers du Raid. Dès l'arrivée à Kaboul, on comprend qu'on atterrit dans une zone de guerre. L'aéroport est truffé de militaires et quand on sort, on grimpe immédiatement dans des véhicules blindés où l'on enfile un casque et un gilet pare-balles. Précaution qui m'avait surpris dans un véhicule blindé. L'un de mes hommes m'avait expliqué que ce n'étaient pas les balles qui étaient à craindre, mais les véhicules-béliers bourrés d'explosifs qui se font sauter en vous percutant.

Ambiance d'autant plus lourde que, dans ces zones de guerre, on a l'impression de ne rien pouvoir maîtriser. À force, on devient fataliste !

**T. O. :** Au GIGN, contrairement à ce que dit Jean-Michel, la protection est une spécialité, au même titre que peut l'être l'intervention. Ce qui ne veut pas dire que, de temps en temps, des gendarmes de l'intervention ne remplacent pas leurs camarades de la protection, et qu'en cas de grosse crise des gens de la protection n'aillent pas aider les gens de l'intervention.

La protection est aussi le vivier au sein duquel on va trouver les hommes qui serviront à la partie gendarmerie du GSPR[2] ; c'est de là qu'ils viennent et qu'ils sont formés.

Je suis d'accord avec Jean-Michel quand il dit que c'est peut-être le seul cas où les services de protection, en France, rencontrent des menaces qui sont plus que des menaces. Depuis que les équipes du GIGN et du Raid ont été engagées dans ce type de mission, ils se sont fait tirer dessus à l'arme de guerre, pilonner par des obus, ont eu des véhicules détruits à l'explosif, etc. Ce qui n'est évidemment pas le cas des policiers du SDLP. Ce sont donc vraiment des endroits

2. *Groupe de sécurité de la présidence de la République.*

où la protection prend tout son sens, où elle est plus que nécessaire. Ce qui implique que les hommes du GIGN ou du Raid forment leur ambassadeur à « être protégé », tant il est vrai qu'un diplomate n'est pas forcément habitué à vivre de telles situations, à devoir supporter toutes les contraintes que suppose un dispositif de protection.

Quand le GIGN va dans des zones de guerre, il peut s'insérer totalement dans des dispositifs militaires et bénéficier du soutien des forces militaires françaises quand elles sont présentes. D'ailleurs, en cas de crise, grâce à cet appui militaire, le GIGN peut, en l'espace de deux ou trois jours, envoyer un dispositif d'une dizaine d'hommes avec deux tonnes de matériel ! Ce fut le cas au Mali et en Côte d'Ivoire pendant l'opération Licorne. Dans ce dernier cas, il y avait même des forces militaires qui étaient installées à l'intérieur de la résidence sous commandement GIGN.

Dans d'autres cas, que ce soit à Bagdad, Beyrouth ou Kaboul, il n'y a rien, aucune force française présente. Je me souviens notamment de la protection de l'ambassadeur de France au Yémen, un des endroits les plus dangereux car on n'y sent pas le danger… Quand on se promenait dans la capitale Sanaa, on avait vraiment l'impression d'un pays en paix alors qu'à tout instant on pouvait se faire tirer dessus ou assister à un attentat à l'explosif. Il n'y avait pas cette tension qu'on ressent à tout instant, comme le disait Jean-Michel, à Kaboul.

Ce sont donc des missions au cours desquelles nos personnels apprennent beaucoup, tout en étant avec des ambassadeurs « baroudeurs » qui supportent plus ou moins bien les dispositifs de protection.

Je dois également préciser que ces missions ne sont pas un « gadget » pour occuper nos hommes quand ils ne sont pas mobilisés sur des interventions. Ces missions de protection se situent désormais à un tel niveau, que si le Raid ou le GIGN ne peuvent pas les remplir, personne d'autre ne pourra le faire à leur place !

**J.-M. F. :** Oui, je crois qu'il faut effectivement bien insister sur ce point : ces missions ne sont pas là pour « occuper » nos hommes, pour occuper des « chevaux de course », quand il n'y a aucune activité, comme nous le disions un peu plus haut. Non, ces missions sont devenues si importantes que mes prédécesseurs et moi-même avons défendu l'idée qu'il y ait au sein du Raid une section qui soit véritablement spécialisée dans cette mission de protection. Malheureusement, c'est toujours à l'étude…

Il est exact que les hommes et les femmes spécialisés dans la protection doivent faire preuve de psychologie à l'égard des diplomates qui ne sont pas toujours prêts personnellement et professionnellement à accepter des dispositifs de sécurité contraignants. Mais les policiers du Raid, ou les gendarmes du GIGN, doivent eux aussi comprendre que le métier de diplomate exige un minimum de liberté de mouvement. Nos chefs de missions doivent donc connaître ce milieu, et ce n'est pas toujours simple de trouver la bonne personne pour ce type de mission. En outre, et je l'ai vécu en Afghanistan, les policiers du Raid qui arrivent en renfort peuvent se heurter au chef de la sécurité qui n'appartient pas à notre unité et qui, en général, tient beaucoup à son autonomie, à ses prérogatives. Pour régler ce problème, nous avons nommé un commandant du Raid responsable de la sécurité à Kaboul, qui a remodelé sous l'autorité de l'ambassadeur l'ensemble de la protection.

**T. O. :** Je voudrais revenir sur l'importance de ces missions de protection. Il faut bien comprendre que pour l'État français, il est essentiel d'assurer la sécurisation des personnels et des sites, condition *sine qua non* pour le maintien d'une ambassade ou d'une représentation française. Si ce n'est pas le cas, l'ambassade ou la représentation n'existent pas ou plus : elles sont fermées. Si le Quai d'Orsay estime qu'il n'est pas en mesure d'assurer la sécurité de ses personnels, les gens sont évacués. C'est évidemment un signal fort vis-à-vis du pays. Tout le monde, à commencer par les responsables politiques, tout le monde se souvient de l'ambassade de Téhéran assiégée lors de la révolution iranienne, en 1978, ou de l'ambassadeur américain tué à Benghazi en 2012. À l'évidence, ce sont des situations auxquelles le Quai d'Orsay ne veut absolument pas être confronté. On le comprend !

**Avez-vous connu des situations particulièrement délicates ou dangereuses ?**

**T. O. :** En ce qui concerne le GIGN, les engagements les plus délicats que nous ayons eu à vivre se sont déroulés en Irak où l'ambassadeur était quelqu'un de très actif, directif, versé dans l'action coûte que coûte, refusant de se plier aux impératifs de sécurité que nous voulions lui imposer. Dans ces cas-là, c'est au commandant du GIGN d'en référer au Quai d'Orsay pour essayer de désamorcer ces tensions quotidiennes, sachant qu'un ambassadeur est rarement contredit par sa hiérarchie. Cela dit, la voiture de l'ambassadeur a tout de même été la cible d'un attentat à la bombe… Heureusement le véhicule était bien protégé. Tout le monde a été bien secoué mais personne n'a été blessé. À Benghazi, nos hommes se sont fait tirer dessus à plusieurs reprises, mais c'est en Côte d'Ivoire que nous avons eu le plus de blessés. La Côte d'Ivoire où c'est finalement avec le GIGN que le président Jacques Chirac prend la décision de déclencher l'opération Licorne[3]. Ce jour-là, l'ambassadeur devait sortir de sa résidence. Un véhicule précurseur était parti quelques minutes plus tôt pour ouvrir la voie et s'était arrêté près des locaux de l'Union européenne,

3. *L'opération Licorne débute en septembre 2002, alors que la Côte d'Ivoire est secouée par une crise politico-militaire. Elle est indépendante de l'opération des Nations unies. Elle se déroule dans le cadre des accords de défense signés entre la France et la Côte d'Ivoire, le 24 août 1961. La France envoie jusqu'à quatre mille soldats pour séparer les belligérants à la demande du gouvernement ivoirien. Soutenue par une résolution des Nations unies, cette interposition aurait permis d'éviter une guerre civile et de nombreux massacres.*

à Abidjan. Il y avait deux hommes à bord. Tout à coup, deux 4×4 de la garde présidentielle ont fait leur apparition, et se sont garés derrière le véhicule de l'ambassade de France. Immédiatement, un homme de la garde présidentielle leur a intimé l'ordre de partir. L'un de nos gendarmes a vu alors dans le rétroviseur qu'un fusil-mitrailleur PKM était pointé dans leur direction. Il n'a eu que le temps de démarrer sur les chapeaux de roues avant d'entendre le bruit des tirs. Des balles sont venues se ficher dans les appuis-tête. Nos hommes ont été blessés par des éclats, mais aucun projectile ne les a touchés. Le convoi a été alerté et a pu faire demi-tour à temps. C'était une attaque délibérée de la garde présidentielle contre un véhicule diplomatique français, ce qui a décidé le président Chirac à lancer l'opération Licorne contre les forces du président Laurent Gbagbo.

# AFFRONTER LA MORT

**Vous avez évoqué les pertes humaines. Qu'il s'agisse d'otages ou de vos hommes, en quoi cela peut-il influencer une décision tactique ?**

**J.-M. F. :** Quand il y a déjà eu un ou des morts parmi les otages, quand on connaît la détermination d'un preneur d'otages, terroriste ou pas, bien sûr que ces données entrent en ligne de compte dans notre décision. Il ne faut pas oublier le but premier de notre mission : libérer les otages, tous les otages. Avoir le moins de dégâts possible dans nos rangs, ramener tout le monde à la maison arrivent en second lieu. L'interpellation du preneur d'otages, si c'est possible, est notre troisième priorité. Les éventuelles pertes humaines sont donc quelque chose de primordial.

Entre une opération réussie, comme celle de l'*Hyper Cacher* de Vincennes où nous avons libéré tous les otages[1], et l'échec complet, c'est-à-dire quand des otages sont tués, il y a très peu d'espace, c'est de l'ordre d'une feuille de papier à cigarette ! En tant que chefs d'unité, c'est ce qui doit nous rendre modestes et pleins d'humilité. Dans ce type d'affaire, il nous faut surtout beaucoup de réussite. Je dis bien réussite,

1. *Quatre d'entre eux avaient été tués avant l'arrivée du Raid et de la BRI.*

pas chance. La chance tient du hasard, alors que la réussite est le résultat de beaucoup de travail. La différence est de taille ! Ce peu d'espace qui existe entre une opération réussie et un échec relativise, c'est le moins qu'on puisse dire, l'avis soi-disant éclairé de tous ces experts fumeux qui déversent leur ignorance et leur bêtise à longueur de journée sur les réseaux sociaux ! Je le répète, la perte de l'otage est quelque chose d'inacceptable puisque c'est le but même de notre mission que de le sauver. Encore faut-il savoir à partir de quel moment on est en échec ou en réussite. Quand il y a vingt-six otages à sauver, c'est bien de tous les sauver mais quand arrive le moment de lancer l'assaut, je ne pense pas qu'il y ait un seul chef d'unité au monde, sauf à avoir un ego surdimensionné, qui puisse dire : « Moi, je suis sûr de ramener tout le monde. »

Il faut accepter l'éventualité de la perte humaine dans nos rangs, cela fait partie des risques de la profession de policier, d'une manière générale, pas seulement ceux du Raid mais bien de « tous » les policiers.

Le policier qui s'engage dans cette voie sait qu'il va courir un certain nombre de risques. Risques physiques, psychologiques – on en a parlé –, mais aussi risque administratif ou pénal. J'entends par là le risque d'être accusé d'avoir utilisé illégitimement la violence et faire l'objet d'une plainte.

Perdre la vie est évidemment le risque le plus ultime quand on appartient à une unité d'intervention, puisque nos missions sont toutes éminemment dangereuses. Pour ma part, en tant que patron du Raid, j'ai intégré ce risque et cette peur de perdre des hommes. Il est vrai que je l'avais déjà intégré en tant que patron de GIPN, et aussi quand j'étais directeur départemental de la sécurité publique, c'est-à-dire chef de la police en Guyane, où la situation était dangereuse à chaque intervention face à des criminels hyperviolents venus du Guyana n'hésitant pas à nous tirer dessus.

Ce risque-là a augmenté proportionnellement à la détermination des terroristes kamikazes, prêts à mourir en *chahid*[2] que nous avions ou allions devoir affronter. Face à de tels individus, il est difficile de se dire qu'on n'aura jamais de pertes, surtout depuis l'apparition des gilets explosifs. Autant on peut maîtriser un tireur à distance, autant il est difficile de repérer un terroriste équipé d'un gilet explosif dissimulé sous ses vêtements.

Cette crainte de perdre des amis, des camarades au combat, je l'ai eue tout le temps où j'ai été à la tête du Raid. J'ai déploré des blessés qui se sont tous remis, mais heureusement aucun mort.

Cela dit, malgré ces dangers, la mission reste prioritaire. On est là pour ça. On prend tous des risques. D'ailleurs, ces risques physiques, le chef qui est un peu en retrait y est moins confronté car son rôle est de commander, à distance certes pas très éloignée mais pas non plus en contact immédiat – en tout cas pas au début de l'action –, sauf circonstances particulières comme ce fut le cas au *Bataclan* où tout le monde est entré à l'intérieur, et où chacun pouvait être touché. Heureusement, cela n'empêche pas l'action dont on connaît tous la finalité. Est-ce que cela peut l'influencer ? En tant que chef je vais adapter ma stratégie en fonction des gens qu'on a en face de soi et en fonction de la protection de mes hommes. Si on a des opportunités pour mettre en place une stratégie moins risquée pour ses hommes quand ils vont monter à l'assaut, on le fera. Je n'ai pas eu ce choix face aux islamistes : pas question de négocier, pas d'autre option que de monter à l'assaut le plus vite possible, gagner du temps, pour sauver les otages. Les hommes qu'on a avec soi ont une technicité particulière, à un certain moment on leur demande de prendre plus de risques, d'aller au-delà de cette espèce de petite zone de confort qui, dans nos unités, il faut bien le reconnaître, est très étroite.

2. *Un* chahid *est considéré comme un martyr, celui qui meurt dans le cadre du jihad.*

**T. O. :** Cette question, je vais la traiter sous l'angle du rapport à la mort. La mort et le GIGN sont deux choses inséparables. La notion de mort est omniprésente, elle est intégrée, tout le monde sait que la mort peut arriver. Malheureusement, il y a eu plus de morts au GIGN à l'entraînement – huit – qu'en opération où nous avons perdu trois hommes. De sorte qu'on pourrait appliquer au GIGN ce proverbe militaire : « La sueur épargne le sang. »

Quand je suis arrivé à la tête du GIGN, j'avais déjà plus d'une dizaine d'années d'expérience dans cette unité. Je savais que j'avais une très grande probabilité, le temps que durerait mon commandement, d'accompagner le cercueil de certains de mes hommes ou femmes. Ce fut le cas à deux reprises. Deux morts, un dans un accident de la route, un autre en Méditerranée, avec la Marine nationale, au cours d'un exercice.

« S'engager pour la vie » est la devise du GIGN. « S'engager pour la vie », c'est bien ce que disait Jean-Michel, c'est-à-dire que la vie de l'otage est au cœur des préoccupations des membres du GIGN. Préoccupation qu'on pourrait qualifier de baptismale pour les pays occidentaux. Après Munich, on a bien compris que le problème avait été la mort d'otages. Donc, sauver la vie des otages est bien au cœur de la résolution de la crise. Le paradoxe c'est que certains pays pensent que pour éviter les prises d'otages, il ne faut pas donner de valeur à l'otage afin que le preneur d'otages ne s'en serve pas. S'il menace de tuer l'otage si on n'accède pas à ses demandes, la réponse est : « Tue-le ! » Prends un otage, mais sache qu'on ne négociera pas et de toute façon on donnera l'assaut. L'otage perd alors de la valeur. Il y aura peut-être des morts, mais lors des prises d'otages suivantes le malfaiteur pensera qu'il est inutile de prendre des otages puisqu'ils n'ont aucune valeur.

**Cela s'est-il vérifié ?**

**T. O. :** Deux pays étaient connus pour appliquer cette règle, cette « philosophie » douloureuse au premier coup, mais qui peut être un investissement sur le long terme. Ces pays c'étaient la Grande-Bretagne et Israël, auxquels il faut bien sûr ajouter les Russes. Difficile de mesurer l'impact de cette règle, mais le fait est qu'il n'y a pas ou très peu de prises d'otages terroristes en Israël.

**Revenons à la notion de vie et à la notion de mort…**

**T. O. :** Je pense que dans nos unités, tout le monde intègre le fait que les entraînements comme les opérations sont susceptibles de déboucher sur la mort. On l'intègre mais on le range dans un coin de sa tête, sans vraiment s'en préoccuper à chaque minute. Quand on part en opération, on ne part pas en se disant qu'on va mourir ! Ce qui n'empêche d'avoir conscience de la notion de danger. Personne ne pense qu'il est invincible, personne n'a la prétention de croire que la mort ne peut pas être au rendez-vous. Bizarrement, avec toutes les opérations menées par le GIGN, un seul gendarme est mort, tué par un forcené avec un pistolet de collection à poudre noire, alors qu'on a dû affronter des armes de guerre, des fusils de grande chasse, et des munitions perforantes. La balle est entrée sur le côté du gilet pare-balles, sous l'épaule, et a touché le cœur. Comme je l'ai dit, il y a peut-être de petites opérations mais toutes les opérations sont dangereuses et peuvent déboucher sur la mort.

Cela dit, depuis le début, le GIGN a prôné le port du casque avec la visière alors qu'un très grand nombre d'unités d'intervention dans le monde n'en ont pas. Au GIGN, au moins sept gendarmes ont pris des balles dans la visière. S'il n'y avait pas eu de visière, il y aurait eu sept morts. Quand on regarde les unités d'intervention américaines, on voit que les opérateurs portent des lunettes qui ne protègent pas d'une chevrotine tirée à cinq mètres. Ils estiment que la visière peut être déformante, c'est vrai, et qu'elle est plus lourde, c'est vrai aussi – quand on porte le casque pendant cinq ou six heures, on sent vite son poids dans les cervicales ! –, mais la visière protège. Je me souviens d'un de mes hommes qui avait reçu une balle dans la visière au moment de maîtriser un preneur d'otages, sans s'en rendre compte. On ne l'a vu qu'après.

La mort d'un équipier est certes prise en compte, mais dans une unité extrêmement affective on a plus de difficultés à surmonter l'épreuve que, par exemple, des unités militaires. J'ai toujours été admiratif de ces unités de l'armée de terre engagées en Afghanistan qui avaient subi des pertes, et qui le lendemain repartaient en mission. Avec Jean-Michel, je crois que nous sommes capables de mesurer tout le poids psychologique qui pèse sur des hommes ou des femmes qui assurent de telles missions.

Penser à la mort, c'est aussi penser à ses causes quand on est dans une unité d'intervention. D'où la question de savoir si je vais caparaçonner mon équipier et en faire un char d'assaut, ou si je dois considérer que sa souplesse et sa rapidité de déplacement sont des facteurs décisifs d'efficacité ? Exemple : celui qui a pris la balle dans le cœur avec le pistolet à poudre noire. On s'est dit qu'il fallait protéger cet endroit vulnérable du gilet pare-balles. On a commencé à développer des gilets un peu plus lourds mais qui rendaient les hommes moins mobiles. Après, on a commencé à développer des boucliers de plus en plus lourds, si bien que certains boucliers capables d'arrêter des munitions d'armes d'épaule les plus performantes devaient être montés sur des roulettes. On voit bien, là aussi, qu'il y a des réflexions en amont qui vont influencer toute la tactique de l'unité. Vais-je être plus manœuvrier ou mieux protégé ? Mais à la fin, rappelons-le, notre but est de sauver l'otage. Pour cela il faut que je sois rapide ou le moins lent possible. On va toujours favoriser la vitesse, qui est un facteur de réussite, plutôt que la protection. On va accepter une surexposition de l'équipier plutôt que de le protéger au risque d'être moins efficace. Tout cela pour dire que lorsqu'ils partent en opération, les gens savent que n'importe quelle opération peut être dangereuse, qu'elle peut se solder par une mort, d'autant plus inacceptable que la mort d'un équipier est ressentie comme celle d'un membre de la famille. Les hommes et les femmes dans ces unités d'intervention sont très proches les uns des autres ; la perte d'un individu, que ce soit très bêtement dans un accident ou en opération, est toujours quelque chose qui impacte tout le monde.

**Et la mort d'un otage est-elle, elle aussi, ressentie comme un échec ?**

**T. O. :** La mort de l'otage, je l'ai dit, a tout de suite été le centre de nos préoccupations, d'abord parce que c'est ancré dans la mentalité française. Le Français aime cette idée du « chevalier blanc », de la défense de la veuve et de l'orphelin. Je me souviens de cette phrase qui dit que « tant que le petit David n'aura que sa fronde, aucun Français ne sera pour Goliath ». Ce que j'ai aimé au GIGN, c'est cette sensation de faire le bien. Et qu'y a-t-il de mieux que de sauver quelqu'un d'une mort certaine ? Voilà la notion qui va être un moteur puissant pour tous les hommes et femmes du GIGN.

Oui, la vie de l'otage est notre première priorité. Après, on cherche toujours à préserver autant que faire se peut la vie de l'adversaire. C'est la maîtrise du feu. Si on ne maîtrise pas l'ouverture du feu, non seulement on risque de blesser les otages et éventuellement de blesser ou tuer l'adversaire. On dit toujours que le feu attire le feu. S'il y en a qui ouvre le feu, il y a de fortes chances pour que tout le monde l'imite. On apprend toujours cette maîtrise du feu, car on considère que cette maîtrise de la force est une des conditions *sine qua non* de l'efficacité.

Jean-Michel l'a dit, les gens du Raid comme ceux du GIGN ne sont pas exonérés du droit commun. En opération, ils répondent comme tout citoyen, tout policier ou tout gendarme aux règles du code pénal ; la légitime défense ne se présume pas, elle se démontre. Même les gens du GIGN reçoivent une formation régulière sur les conditions dans lesquelles ils peuvent ouvrir le feu. Généralement, quand on est le commandant de l'opération au moment du briefing qui prépare l'intervention, on a une discussion avec le procureur de la République qui est présent sur place et avec qui on évoque l'ouverture du feu. Cette notion-là doit être intégrée dans la décision opérationnelle. On va bien entendu privilégier l'efficacité dans l'opération en intégrant les contraintes qu'apporte la notion de légitime défense.

Il est très important que les unités spéciales soient bien formées, afin que les équipiers ne soient pas « gênés » par l'idée d'utiliser leur arme. Un, il faut donc bien les informer de la légalité de l'usage des armes ; deux, bien les former à utiliser leur arme ; et trois, bien discuter avec les autorités judiciaires – même si elles ne signeront jamais un blanc-seing –, pour leur expliquer comment va se dérouler l'opération et les raisons éventuelles pour lesquelles on va ouvrir le feu.

Voilà ce que je voulais dire sur la mort : il faut l'intégrer et se prémunir contre tout sentiment d'invincibilité ; l'invincibilité c'est le manque d'humilité et le manque d'humilité c'est la première des failles pour une unité d'intervention.

**J.-M. F. :** Je suis d'accord avec Thierry quand il dit qu'il n'y a pas de petites opérations, j'en veux pour preuve que le Raid a perdu deux de ses hommes, peu de temps après sa création, face à un forcené armé d'une arme de grande chasse, à Ris-Orangis, le 31 août 1989. Il nous arrive d'être confrontés à des individus particulièrement dangereux, déterminés et armés, c'est ce qu'on appelle dans notre jargon professionnel « un forcené de combat », ce fut le cas à Ris-Orangis. De même, il y a eu de nombreux blessés sur le même type d'intervention ou lors d'arrestations matinales de « beaux » et dangereux truands ; ce ne sont pas les plus grosses opérations qui provoquent le plus de dégâts.

Je voudrais également rebondir sur cette notion du glaive et du bouclier évoquée par Thierry. C'est effectivement une problématique permanente : Faut-il perdre de la rapidité et de la mobilité, ou faut-il privilégier notre protection ? C'est un équilibre difficile à trouver en tant que stratège d'unité, mais aussi au niveau du management, au niveau psychologique. Souvent les hommes demandent plus de protections pour les membres inférieurs. On a fait des tests avec de grosses protections qui empêchaient quasiment d'avancer. C'est un point important qu'il faut régler avec ses hommes, leur faire comprendre qu'à un moment une surprotection peut nuire à la mission et sans doute à leur sécurité. J'ai un exemple bien précis. Après l'*Hyper Cacher* de la porte de Vincennes, on a eu cinq blessés (trois au Raid et deux à la BRI). Tous ont été atteints aux jambes. Très vite, les gars ont réclamé des protections. On a fait des tests avec de grosses protections qui empêchaient quasiment d'avancer. C'est un point important qu'il faut régler avec ses hommes, leur faire comprendre que la mobilité et l'action rapide sont nécessaires pour sauver des vies.

*

# Deuxième Partie

# LES RÈGLES DE L'INTERVENTION

**En ce qui concerne l'entraînement, les accidents mortels peuvent-ils avoir des conséquences différentes qu'au GIGN ?**

**Jean-Michel Fauvergue (J.-M. F.) :** Il y a effectivement une différence notable. Dans la police, un mort à l'entraînement ne sera pas accepté, le chef d'unité sera mis en difficulté. Il y a les contre-pouvoirs syndicaux – qui n'existent pas dans la gendarmerie –, les familles qui s'expriment – et c'est légitime –, et aussi peut-être le fait qu'on est traditionnellement commandés par un préfet, le directeur général de la Police nationale, qui n'est pas un policier – à deux exceptions près avec Frédéric Péchenard et Frédéric Veaux –, qui n'a pas grandi au sein de la police et n'a pas conscience de la nécessité, lors d'un entraînement, de dépasser ses limites pour être plus efficace en situation réelle. Je crois que l'opinion publique ne l'intègre pas non plus, en ce qui concerne la police, de la même manière que pour les militaires. Un chef du Raid qui aurait un mort à l'entraînement serait « chahuté » par sa hiérarchie, c'est le moins que l'on puisse dire. C'est une différence avec la gendarmerie qu'il faut souligner.

Pour revenir sur l'ouverture du feu, comme au GIGN, le policier du Raid est responsable de son acte. On est soumis au code pénal et au code de procédure pénale, c'est ce qui fait la différence entre les armées et les forces de sécurité intérieure. Nous obéissons àune instruction judiciaire qui dépend des magistrats, du procureur, ou du juge d'instruction quand une information est ouverte. Seconde chose à laquelle nous sommes soumis bien plus que les forces armées qui opèrent généralement sur des théâtres d'opérations extérieures très éloignées, c'est la pression médiatique.

Toujours à propos de l'ouverture du feu, les règles auxquelles doit obéir une unité d'intervention, et par conséquent son patron, sont particulières parce que les situations sont particulières. Je rappelle que l'on fait appel au GIGN ou au Raid après avoir mobilisé sans succès d'autres forces de police ou de gendarmerie non spécialisées qui n'ont pas pu résoudre une crise faute de moyens, d'équipements et de la technicité souhaitée, compte tenu de ces situations particulières parfois cornéliennes. Prenons l'exemple du tireur d'élite qui a dans sa lunette un des voyous qui menace directement un des otages, il peut ouvrir le feu, c'est un cas de légitime défense d'autrui. En revanche, s'il y a d'autres otages et d'autres voyous, on lui demandera de ne pas ouvrir le feu parce qu'on va procéder à une opération d'ensemble. Cela n'empêchera pas la responsabilité de ce tireur d'être éventuellement engagé parce qu'il n'aura pas porté assistance à une personne en danger, parce que justement il n'a pas ouvert le feu.

Autre exemple d'une situation complètement inverse mais tout aussi délicate à gérer, le chef du Raid peut demander à un sniper d'ouvrir le feu alors que sa cible, le terroriste ou le criminel, n'est pas directement en train de menacer quelqu'un ; comme il s'agit d'une opération coordonnée et que c'est son patron qui a toutes les informations en main pour élaborer sa stratégie, il va obéir, ouvrir le feu, alors qu'il n'est pas, lui personnellement, en état de légitime défense. Il serait donc personnellement en faute s'il n'était pas intégré dans cette opération globale dont le seul à détenir tous les paramètres c'est bien le patron.

C'est à chaque fois une opération d'ensemble, il n'y a pas de responsabilité individuelle sauf faute hors contexte. Toute la responsabilité de l'opération revient au patron de l'unité, en cas de réussite comme en cas d'échec. Cependant, il y a eu des exceptions notables. Je pense notamment à la plus connue, celle de la prise d'otages de la maternelle de Neuilly, où le tireur d'élite Daniel Boulanger a neutralisé HB[1] de deux balles dans la tête, craignant qu'il ne se réveille alors qu'il s'était assoupi dans la salle de classe où il y avait encore des enfants. Le tireur du Raid n'a pas voulu prendre de risque alors que HB tenait encore dans la main le bouton-pressoir pour faire sauter la ceinture d'explosifs qu'il avait sur lui. Le tireur a alors fait preuve d'initiative au moment où l'agresseur esquissait un mouvement. Pour le Raid il s'agissait d'une opération réussie puisque tous les enfants et leur institutrice étaient sains et saufs. Cela n'a pas empêché Daniel Boulanger d'être poursuivi par le procureur de la république de Nanterre, Pierre Lyon-Caen, qui dès le départ va s'opposer au ministre de l'Intérieur, Charles Pasqua. Celui-ci, estimant qu'il s'agissait d'une affaire d'ordre public, avait décidé de prendre les choses en main. Généralement dans les prises d'otages, ce sont les représentants du pouvoir administratif, c'est-à-dire les préfets, quelquefois les ministres eux-mêmes, qui prennent les manettes. Les représentants du pouvoir judiciaire, c'est-à-dire les procureurs de la République, sont toujours présents mais ne sont pas décisionnaires. Daniel Boulanger, victime d'une querelle politique qui le dépassait, a dû quitter le Raid

1. *Le 13 mai 1993, pendant deux jours, Érick Schmitt, un entrepreneur au chômage, dépressif, qui se fait appeler Human Bomb, retient en otage des enfants dans une classe d'une maternelle de Neuilly-sur-Seine. Il porte une ceinture d'explosifs qu'il peut déclencher à tout instant. Après l'échec des négociations, HB sera tué lors de l'assaut du Raid. Il n'y a eu aucune victime parmi les otages.*

et son retour n'a pas été simple. Cela a été une injustice pour ce policier d'élite et un traumatisme pour l'unité.

**Thierry Orosco, est-ce que ce genre de situation pourrait arriver à un tireur d'élite du GIGN ?**

**Thierry Orosco (T. O.) :** Comme l'a dit Jean-Michel, que l'on soit gendarme ou policier, dès lors qu'on se trouve sur le territoire national, les règles sont exactement les mêmes.

La responsabilité en elle-même n'est que la conséquence de l'usage de l'arme dans le déroulement de la mission. Quand on ouvre le feu, on ne se pose pas la question de savoir si l'on est responsable ou pas ; on se pose la question de savoir si on en fait usage dans le bon sens, dans le déroulement et dans l'exécution de la mission. Donc, il faut bien que chaque individu, ainsi que l'a précisé Jean-Michel, comprenne son rôle et la globalité de la mission ; si je suis tireur d'élite, je suis en appui, je dois comprendre si j'ouvre le feu ou si je ne l'ouvre pas. Si l'on voit un seul preneur d'otages et qu'il y en a cinq autres, est-ce que je tire sur le preneur d'otages ou est-ce que j'estime que ce n'est pas le moment alors qu'il y en a quatre autres ? C'est la première des choses. La seconde, c'est que les militaires des armées ne sont assujettis ni au code de procédure pénale, ni au code pénal, en opération extérieure. Cependant, ils sont assujettis à ce qu'on appelle les ROE (*Rules of Engagment*)[2], qui sont les règles applicables aux militaires, et qui définissent le cadre juridique spécifique de chaque opération. Le GIGN, quand il a été employé sur des théâtres d'opérations comme l'Afghanistan, pour arrêter des chefs talibans ou des poseurs de bombes, au sein d'un dispositif militaire, appliquait les *Rules of Engagment.* Durant toute cette période d'engagement dans ce pays en guerre, les hommes du GIGN n'ont pas ouvert le feu plus qu'à

2. *Règles d'engagement.*

l'accoutumée, restant dans l'idée qu'ils ne tiraient pas pour faire baisser la tête ; une balle tirée doit être une balle en cible.

Lors de la bataille d'Abidjan[3], le GIGN avait été déployé pour protéger la résidence de l'ambassadeur qui était adossée au palais du Président ivoirien. Il y a eu des combats qui ressemblaient plus à Diên Biên Phù qu'à une opération de police. Le détachement du GIGN qui commandait l'opération opérait avec des troupes de marine, face aux vagues d'assaut de fantassins de la garde présidentielle qui tentaient de franchir le mur séparant le palais de la résidence de l'ambassadeur de France. Là aussi chaque tir était un tir qui devait être mesuré ; dans ce type de mission, la discipline de feu reste fondamentale. Au GIGN chaque équipier a entre sept et neuf armes personnelles qui lui sont affectées, ce qui veut dire que pour chaque type de mission, il y a un type d'arme, de calibre et de munitions, suivant qu'une opération est militaire ou policière, en milieu clos ou milieu ouvert. Pour l'ouverture du feu, le tireur doit bien comprendre la mission et quelles sont ses responsabilités, mais en aucun cas il ne doit être paralysé par le fait que sa responsabilité peut être engagée dans l'usage des armes. Il y a une capacité dans ces unités à accorder de l'initiative à ses équipiers.

Pour expliquer ce mot essentiel selon moi, « initiative », je prendrai l'exemple d'un détournement d'avion dans les années 1980. Il y avait un seul pirate de l'air et le GIGN avait été envoyé sur place pour résoudre l'affaire. Le GIGN était parvenu à faire entrer dans la soute un gendarme se faisant passer pour un manutentionnaire. Ordre avait été donné de ne rien tenter contre le pirate de l'air. Mais il se trouve qu'à un certain moment, l'individu a laissé une opportunité au gendarme qui a pris l'initiative de le neutraliser. Il avait immédiatement réalisé qu'une telle opportunité ne se représenterait

3. *La bataille d'Abidjan désigne les affrontements qui ont eu lieu dans la capitale ivoirienne, entre le 30 mars et le 4 mai 2011.*

peut-être pas et qu'il fallait la saisir. La prise d'otages a été réglée, alors qu'on lui avait dit : « Tu montes à bord mais tu ne fais rien. » Ce gendarme avait l'expérience et la confiance lui permettant de prendre cette initiative.

**J.-M. F. :** Je rappelle que le Raid est lui aussi présent à l'étranger dans deux ambassades pour en assurer la protection ainsi que celle de l'ambassadeur, à Kaboul et à Beyrouth. Cela dit, c'est vrai la situation que vient de décrire Thierry, le Raid ne pourrait pas la vivre parce qu'il ne peut intervenir qu'à l'intérieur de nos frontières, sauf que sur les deux cas précis que je viens de citer, l'Afghanistan et le Liban, le Raid pourrait très bien exceptionnellement se retrouver dans une situation similaire. La problématique c'est que le Raid est une unité de police à l'état pur et n'a pas cet entraînement militaire et n'a pas cette capacité de basculer des règles du code pénal et du code de procédure aux *Rules of Engagment.* Il ne pourra intervenir qu'avec la technicité qui est la sienne.

Je voulais également rebondir sur ce très beau thème de l'initiative. Outre la situation du tireur d'élite qui ouvre le feu parce qu'on lui en donne l'ordre, ou qu'il ne l'ouvre pas parce qu'il fait partie d'un ensemble, d'une opération globale, il y a une troisième solution qui existe dans le protocole, c'est la possibilité pour un membre du Raid d'ouvrir le feu d'initiative si la légitime défense est établie. Exemple : une prise d'otages avec un seul preneur d'otages. Alors qu'on se prépare à donner l'assaut, le chef du Raid peut très bien dire au sniper : « S'il menace l'otage, vous ouvrez le feu d'initiative. » J'ajoute que l'initiative qui est laissée aux opérateurs du Raid est beaucoup moins importante que celle laissée, par exemple, aux hommes de la PJ qui travaillent par groupes sur des opérations de surveillance ou de filature, et qui ont cette possibilité d'intervenir à tout moment s'ils le jugent nécessaire. Les règles au Raid dans le cadre d'une opération sont beaucoup plus strictes, plus encadrées, alors qu'on privilégie le travail d'équipe.

**T. O. :** L'initiative c'est l'une des qualités requises dans le profil de l'individu que l'on va recruter au GIGN. Pour bien comprendre de qui nous parlons, il faut expliquer comment se déroule une opération.

Une opération ne se déroule jamais exactement comme on l'avait prévu. Il faut définir un cadre et des limites qui sont présentées lors du briefing, mais la capacité d'initiative est essentielle. Elle est la variable d'ajustement quand tout ne se déroule pas comme prévu.

Lors du briefing avant une opération, on évoque un certain nombre d'éléments, parmi lesquels il y a ce qu'on appelle « le cas non conforme », c'est-à-dire l'élément imprévu. Exemple : on a décidé de monter par l'escalier, mais pour une raison x ou y, on ne peut pas l'emprunter, c'est un cas non conforme. On va délimiter une partie gauche et une partie droite, mais entre ces deux limites, c'est de l'initiative pure. Il est intéressant de noter qu'il y a là une différence entre le GIGN et, par exemple, les Allemands du GSG 9. Quand les Allemands rentrent dans une pièce où on leur a dit qu'il y avait une porte à gauche et qu'il n'y en a pas, ils s'arrêtent. Ils vont analyser la situation avant de repartir. Cela contribue grandement à l'efficacité de cette très belle unité. Au GIGN, mais aussi je pense au Raid, s'il n'y a pas de porte à gauche mais une à droite, on prend celle de droite sans cesser de progresser ; dans le temps de l'action, on laisse l'initiative à la colonne parce que chaque homme a la formation, l'expérience et suffisamment de confiance pour s'adapter.

Je me souviens d'une opération où nous devions intervenir sur une équipe qui projetait de braquer une banque un jour de marché. Il fallait que les braqueurs aient mis un pied dans la banque pour que nous intervenions. Il fallait un « commencement d'exécution », des éléments indiscutables pour le futur procès judiciaire. Au moment où nous aurions pu intervenir, une maman est arrivée avec une poussette. Évidemment, nous n'avons pas pu intervenir – un « *no go* » dans notre langage, opposé au « go ». Auparavant, nous avions défini les conditions du *no go*, sans pouvoir, vous vous en doutez, définir tous les impondérables susceptibles d'empêcher une intervention, donc il y a bien une lecture avec une capacité d'initiative. Cette capacité d'initiative doit être accordée au départ, la confiance existe entre le commandant de l'opération et chaque équipier, étant entendu que l'équipier doit avoir bien compris la manœuvre d'ensemble. Il ne faut surtout pas d'initiative personnelle, solitaire, décalée par rapport à la manœuvre globale.

Ces initiatives ne sont pas qu'opérationnelles. Un autre exemple : alors que je me trouvais dans mon bureau, dont la porte je vous le rappelle était toujours ouverte, je vois passer et repasser les négociateurs du GIGN. De toute évidence ils avaient quelque chose à me dire mais hésitaient à me déranger. Ils finissent par rentrer dans mon bureau et entament une discussion à bâtons rompus jusqu'à ce que je les arrête et leur demande ce qu'ils étaient venus me demander, car tel était, me semblait-il, le but de leur visite. Effectivement, ils voulaient des moyens pour développer l'hypnose. Je n'ai d'abord pas bien compris. Je ne les voyais pas agiter un pendule sous le nez d'un preneur d'otages pour l'hypnotiser ! En fait, ils m'ont expliqué un concept que tout le monde connaît de nom, mais pas dans le fond : la PNL, la programmation neurolinguistique, pour utiliser l'hypnose dans la négociation. J'ai donné mon accord. C'était leur initiative et ce sont eux qui ont creusé ce concept, l'ont développé et enrichi la négociation. Cette initiative était issue d'une réflexion et d'un besoin ressenti en opérations. Je me suis contenté de voir si cela correspondait à un schéma global et si je leur apportais les moyens financiers d'avancer dans leurs recherches.

**J.-M. F. :** Je dirais qu'il y a deux types d'initiatives. L'initiative individuelle, dont nous venons de parler, mais aussi l'initiative de groupe. J'ai un exemple très précis sur ce point. Vous vous souvenez certainement de ce couple de policiers assassiné à son domicile, à Magnanville, le 13 juin 2016, par un terroriste islamiste se réclamant de Daesh. Quand nous sommes arrivés, nous pensions que l'épouse était encore vivante. En fait, ne restait de vivants à l'intérieur que le tueur et l'enfant du couple, âgé de 3 ans. Nous avions prévu un assaut précédé d'un grenadage pratiqué avec des grenades offensives qui ne sont pas létales mais qui ont un effet blast, ou effet de souffle important. Ce grenadage devait avoir lieu au premier étage car, selon nos renseignements, l'enfant se trouvait au rez-de-chaussée. Sauf que les snipers stationnés tout autour de la maison nous ont avertis qu'il y avait une grande probabilité pour que l'enfant soit bien au premier étage. Une initiative collective a été prise immédiatement. Elle consistait à ne pas utiliser le grenadage avec les lanceurs de 40 mm (sorte de fusils lance-grenades) comme cela avait été prévu, mais d'utiliser une autre méthode qui consistait à lancer les grenades à la main et à vue pour ne pas blesser l'enfant. Donc, au dernier moment, le plan est changé grâce à une initiative collective.

**À plusieurs reprises vous avez évoqué, l'un et l'autre, la confiance. Comment se traduit-elle dans une unité d'intervention ? Comment s'acquiert-elle ?**

**T. O. :** La confiance commence d'abord quand on rentre au GIGN où l'objectif des instructeurs est de sélectionner et de former des hommes et des femmes qui aient confiance en eux. On définit toujours ses limites comme largement inférieures à la réalité de ses capacités. Nous allons donc apprendre aux stagiaires à repousser leurs limites et avoir plus confiance en eux.

Ensuite, il faut avoir confiance en ses coéquipiers. Il est évident que si j'avance dans une colonne d'assaut, je ne dois pas me préoccuper de celui qui est derrière moi. À ce propos, j'ai une jolie histoire qui m'avait été racontée par le patron de l'équivalent russe du GIGN qui appartient au FSB, lequel regroupe plusieurs unités dont le groupe Alpha. À l'époque ils menaient beaucoup d'opérations dans le Caucase, où les marches d'approche étaient assez longues, comme le GIGN a pu en connaître, par exemple en Afghanistan. Elles duraient plusieurs heures, en montagne et en milieu forestier, avec armes et équipements. Mon homologue russe me raconte donc que gagner du poids était une obsession. Ils avaient ainsi choisi des armes d'un plus petit calibre de manière à pouvoir emporter jusqu'à 20 % de munitions en plus, ce qui est considérable. Mais ils avaient surtout supprimé la partie arrière du gilet pare-balles. Le général russe m'avait alors dit : « Personne n'a jamais été blessé ou tué d'une balle dans le dos. » C'est un signe de confiance absolue entre les équipiers. Avoir confiance dans son équipier est quelque chose qui s'apprend.

On doit avoir confiance aussi dans son équipement, dans ses armes et dans les tactiques qui sont développées lors de chaque intervention. Toutes ces confiances que l'on développe font que l'unité en elle-même va dégager de la confiance. Cette confiance-là est capitale. Elle doit être travaillée, développée de manière à ce que l'on irradie de la confiance.

Symbole de tout ce que je viens de dire : le tir de confiance qui est une tradition au GIGN, à la fin de chaque année de formation. Les stagiaires, avant de devenir opérationnels, vont tirer sur un autre stagiaire équipé d'un gilet pare-balles avec au centre un plateau d'argile. Le tir a lieu à une vingtaine de mètres, avec l'arme de tradition du GIGN, le revolver 357 magnum Manurhin, le MR 73. Techniquement, pour un tireur du GIGN, mettre une balle dans une cible fixe à vingt mètres est quelque chose d'assez simple. Mais si vous mettez cette cible sur l'un de vos camarades et que vous le faites devant tous vos futurs équipiers qui sont des hommes et des femmes aguerris, cela rajoute une dose de stress. Cette confiance est bien sûr partagée par celui qui porte le gilet pare-balles ; le gilet pourra-t-il arrêter la balle ? Le revolver est-il bien réglé, pas trop à gauche, pas trop à droite ? On voit bien donc que le mot confiance est un mot qu'on ne peut pas dissocier du GIGN.

**J.-M. F. :** Se tirer dessus, je peux vous dire que c'est très facile et fréquent en politique, mon nouveau domaine d'activité ! Je plaisante…

Oui, confiance en soi, confiance en ses partenaires, confiance dans l'équipe, confiance dans la hiérarchie, confiance dans la technique, dans la stratégie, confiance dans les équipements, tout cela est un gage de réussite pour une unité d'intervention. J'ajouterai que la confiance est un système qui fonctionne de haut en bas et de bas en haut.

Il faut aussi parler de la confiance du chef et de la confiance dans le chef. La première c'est celle que le chef doit avoir envers ses hommes, ses spécialistes, ses techniciens, ses adjoints, etc. Il faut la donner, et la donner totalement. Si on en est incapable, on ne peut pas parvenir à ses fins. On ne peut pas tout faire soi-même. Il faut savoir déléguer – l'expression directe de la confiance accordée –, ce qui peut poser un problème à certains patrons, dans la police et ailleurs. Mais c'est incontournable si l'on veut que la machine tourne rond ! D'ailleurs comment pourrait-il en être autrement ? Le chef ne peut pas prendre la place de ses spécialistes, il n'a pas la précision de ses snipers, il ne sait pas actionner la plupart des dispositifs techniques, il n'a pas les connaissances pointues de ses négociateurs. Donner sa confiance n'est donc pas une option, c'est une obligation qui s'impose à tout décideur, y compris dans les entreprises privées.

En ce qui concerne la confiance du bas vers le haut, celle que le chef doit inspirer à ses hommes, elle s'acquiert moins facilement, il me semble, au Raid qu'au GIGN où le patron, Thierry nous l'a expliqué, a déjà fait plusieurs passages dans l'unité où il a commencé dans la colonne d'assaut. On sait qui il est, ce qu'il vaut. Ce n'est pas le cas au Raid. Mais peu importe les parcours, à un certain moment le patron doit avoir une exemplarité qui passe par une proximité sur le terrain, sur les coups durs. Quand j'entre au *Bataclan*, je suis avec les gars, devant eux, pas dans mon PC ou mon bureau de Bièvres. Je dois prendre les mêmes risques qu'eux. Cette confiance donc doit être basée sur l'exemplarité. La confiance passe aussi par la transparence. Par exemple, lorsqu'il est question d'analyser l'évolution de la menace terroriste comme nous l'avons fait avec Thierry, il est primordial d'en informer ses hommes, de leur exposer nos conclusions et de leur expliquer comment cela va influencer nos choix et par conséquent influer sur nos interventions, comment nous allons devoir sortir de notre zone de confort. Cette confiance-là doit aussi être partagée par ceux qui sont au-dessus, le directeur général, le ministre, en n'oubliant jamais cet adage : « Confiance inspirée, confiance donnée, confiance accordée. »

Je repense à cet épisode fort en émotion que j'ai vécu après le *Bataclan*, un an après pour être précis, puisqu'il s'agissait de la commémoration de cet attentat à laquelle je représentais le Raid. Après la cérémonie empreinte d'une grande dignité, une femme d'une trentaine d'années en pleurs est venue vers moi – je portais ma tenue d'intervention et étais donc parfaitement identifiable. Elle se trouvait à l'intérieur du *Bataclan* le jour de la tuerie. Elle m'a raconté que dès les premiers coups de feu elle était tombée sans être blessée, avec son petit ami à côté d'elle, protégés l'un et l'autre sous les corps de ceux qui avaient été touchés. Son ami était très choqué, il faisait du bruit et risquait d'attirer l'attention des terroristes. Elle s'est alors penchée vers lui et lui a murmuré à l'oreille : « Ne t'inquiète pas, le Raid va venir nous chercher. »

1982-1985, les années de formation sur les bancs de l'École spéciale militaire de Saint-Cyr, promotion général de Monsabert. Comme ses condisciples, Thierry Orosco en sortira avec le grade de sous-lieutenant, à l'âge de 24 ans.

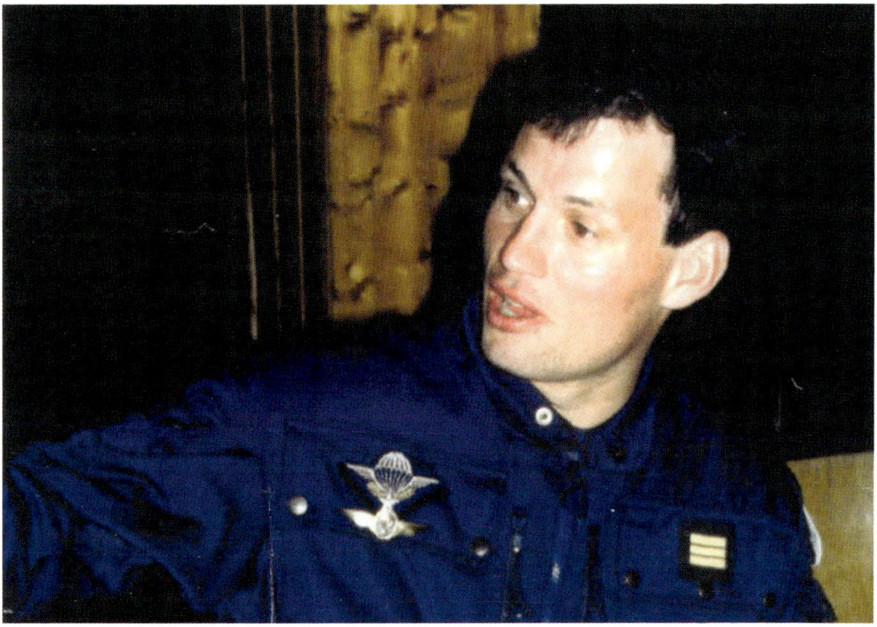

Photo prise lors d'une campagne de sauts en parachute, en Allemagne.
Le capitaine Orosco effectue alors son deuxième passage au GIGN.

Echange de « bons procédés » avec le SWAT – équivalent du GIGN ou du Raid aux États-Unis – de la police de Los Angeles. Thierry Orosco est à côté d'un « harpon » que l'on fixe sur un véhicule blindé pour enfoncer des murs. Au moment de l'impact, le harpon s'ouvre et arrache le mur. Technique imparable !

Apprendre à respirer sous l'eau avec un appareil à circuit fermé : c'est l'une des spécialités des nageurs de combat du commando Hubert, mais aussi l'une des formations suivies par les gendarmes du GIGN – contrairement aux policiers du Raid qui n'ont pas ce type d'entraînement.

Ces appareils à circuit fermé, contrairement aux bouteilles d'oxygène, ont la particularité de ne laisser échapper aucune bulle d'air à la surface qui pourrait trahir la présence des plongeurs.

2012. Le général Thierry Orosco, alors commandant du GIGN, est reçu, à Amman, par le roi Abdallah de Jordanie. A l'époque, le GIGN assurait une partie de la formation des Forces spéciales royales, l'unité antiterroriste jordanienne.

Manuel Valls, ministre de l'Intérieur de 2012 à 2014, remet au général Orosco, la cravate de commandeur de l'Ordre national du mérite, dans la cour du ministère de l'Intérieur, Place Beauvau.

Le GIGN à l'entraînement, à Satory. *« Malheureusement, explique le général Orosco, il y a eu plus de morts au GIGN à l'entraînement – huit –, qu'en opération où nous avons perdu trois hommes ».*

Le GIPN de Nouméa. Deux policiers ne portent pas de cagoule : à droite, Jean-Michel Fauvergue, alors Directeur adjoint de la Sécurité publique de Nouvelle-Calédonie (1991-1994), mais également chef du GIPN de Nouméa. À ses côtés, Jean-Louis Fiamenghi, futur patron du Raid (2004-2007).

Descente en rappel sur la paroi d'un barrage pour le « patron », Jean-Michel Fauvergue, au même titre que tous les hommes et femmes du Raid. Un exercice incontournable. Qu'il s'agisse de descente en rappel ou de varappe, les policiers du Raid ont tous suivi un mois de formation avec leurs collègues CRS du Centre nationale d'entraînement à l'alpinisme (CNEAS) de Chamonix. L'objectif est de leur communiquer les techniques de corde pour intervenir en milieux périlleux : immeubles, antennes, ponts, monuments, etc.

Saint-Denis, 18 novembre 2015. Après les attentats islamistes survenus cinq jours plus tôt à Paris et au stade de France, une opération a lieu pour appréhender les auteurs de ces attaques. L'assaut dure sept heures. Les trois terroristes sont tués.

Jean-Michel Fauvergue avec le ministre de l'Intérieur, Bernard Cazeneuve (2014-2016). *« Parmi les politiques, dit Jean-Michel Fauvergue, il y en a qui protègent et ont protégé nos unités. Bernard Cazeneuve en fait partie. Lors des attentats de 2015 et 2016, il a défendu la BRI et le Raid lorsqu'ils ont été mis en cause »*

Autre exercice de rappel. Après le barrage, la façade du bâtiment qui abrite le Raid, à Bièvres, dans la banlieue parisienne. À l'escalade s'ajoute une autre difficulté, l'intervention à proprement parler. Il faut alors savoir « gérer » la corde et en même temps son armement et ses protections, ce qui n'est jamais une mince affaire, autant à cause du poids que de la menace que peut représenter un forcené ou un terroriste.

Jean-Michel Fauvergue, quand il commandait le Raid, dans le bureau du patron, à Bièvres, où est cantonné l'unité depuis sa création, en 1985.

Pourquoi le Raid ? Parce qu'elle avait vu l'assaut de l'*Hyper Cacher* de la porte de Vincennes. Pourquoi je raconte cette anecdote ? Parce que c'est l'image de la confiance absolue dans le symbole que représente l'unité, dans la légende qu'elle véhicule et qui n'est pas galvaudée. Je me dis aussi que nous avons de la chance dans notre pays d'avoir deux unités d'intervention qui sont capables de rassurer nos concitoyens à leur simple évocation. L'image, ce jour-là, était porteuse de confiance, et la confiance était porteuse d'espoir vital.

**Cette confiance de la hiérarchie, Thierry Orosco, c'est un soutien important ?**

**T. O. :** Ce n'est pas un soutien dont on a besoin, c'est une obligation ; si le décideur final n'a pas confiance dans le patron de l'unité, beaucoup de choses vont devenir très compliquées dans le déroulement d'une opération.

Dans toute opération que mène le GIGN, il y a plusieurs types de plans qui sont des modes opératoires plus ou moins « chirurgicaux » en fonction des informations tactiques que l'on possède, et du temps dont on dispose. Quand on arrive sur les lieux d'une opération – sauf en cas d'assaut immédiat –, il y a un briefing qui suit une nécessaire reconnaissance des lieux et l'élaboration d'un scénario pour déterminer la façon dont l'on va procéder le plus en souplesse possible. Il s'agit du plan d'assaut délibéré ou PAD. Cela prend un certain temps. Mais imaginons que le preneur d'otages devienne menaçant, avant même que l'on ait pris une décision. L'on n'a plus le choix, nous devons passer à ce qu'on appelle le plan d'assaut d'urgence ou PAU. C'est en quelque sorte un chèque en blanc que signe le donneur d'ordre au chef de l'opération. Donneur d'ordre qui peut être le politique ou l'autorité administrative. Ce plan d'assaut d'urgence, au départ, c'est le commandant de l'opération qui en définit les conditions de déclenchement avec celui qui va lui signer le chèque en blanc. Dès lors, le donneur d'ordre doit être conscient que le responsable de l'opération devra prendre, à un moment ou un autre, une décision sans lui demander son avis. Il y a un moment fondamental au cours d'une opération, c'est le seuil de réversibilité, c'est-à-dire à partir du moment où l'on ne peut plus faire marche arrière. Ce seuil est important de le déterminer et à identifier pour que tout le monde le connaisse. L'on ne peut plus alors revenir en arrière. C'est le cas, par exemple, quand la colonne d'assaut est arrivée contre la porte de la maison, quand elle ne peut plus faire marche arrière sans se dévoiler. Ce seuil d'irréversibilité est important car, opérationnellement, l'on perd la souplesse de pouvoir choisir. Si le commandant de l'opération n'a pas la confiance du donneur d'ordre, cela risque d'être compliqué pour lui car le donneur d'ordre va chercher à se garantir en imposant des tas de contraintes. Et plus on impose de contraintes à un responsable tactique dans des situations où il a besoin d'avoir les mains libres, plus on risque d'aboutir à un échec de l'opération. Or, il existe une règle toujours vérifiée selon laquelle un succès tactique peut être un échec politique mais un échec tactique est toujours un échec politique.

**J.-M. F. :** Je peux éclairer cet aspect d'une vision politique qui est aujourd'hui la mienne. Il y a une évidence : la réalité opérationnelle ne correspond pas à la réalité du politique. Celle du politique est une réalité médiatique avec le souci de peser les conséquences d'une opération. Le temps politique n'est définitivement pas le temps de l'opérationnel. Quand on est chef du Raid on doit résoudre une équation à plusieurs inconnues. Quand on est homme politique les paramètres sont évidemment différents. On doit à la fois se protéger mais aussi protéger son gouvernement et le cas échéant le président de la République sans pouvoir maîtriser l'intervention du Raid ou du GIGN et les conséquences de l'opération en cours. Parmi les moyens qu'apprécie plus particulièrement l'homme politique, c'est la négociation. La phrase qu'il a envie de prononcer est toujours la même : « On a donné l'assaut après être allés au bout des négociations. » Sauf qu'à un certain moment, en particulier avec les islamistes, la négociation ne sert à rien, et en tant que chef d'unité il faut le faire admettre au donneur d'ordre. C'est quelque chose d'important qu'il faut avoir en tête. Le donneur d'ordre, homme politique ou préfet, ne répond pas à la même logique que le chef d'une unité d'intervention, mais ils sont dépendants de l'issue de l'opération et par conséquent, dépendants aussi de la confiance qu'ils donnent au chef de l'unité.

**Est-il parfois difficile d'expliquer au donneur d'ordre comment va se dérouler une opération, et surtout pourquoi elle va se dérouler de telle manière et pas autrement ?**

**T. O. :** Non, ce n'est pas difficile. Je vais vous raconter deux interventions pour bien vous faire comprendre comment les choses se passent.

La première est une opération en milieu carcéral. C'était un dimanche après-midi, le préfet était présent. Il était aux alentours de 16 heures et il n'y avait aucune raison pour se précipiter. À un moment, vers 17 h 30, le préfet commence à s'agiter. Il me demande de venir le voir dans le bureau du directeur de la prison où il s'était installé. Il m'annonce qu'il vient de recevoir un ordre de Paris, du directeur de cabinet du ministre de l'Intérieur : il faut que vous donniez l'assaut avant 20 heures, de façon à ce qu'on puisse l'annoncer au journal télévisé. Ma réponse a été on ne peut plus claire : « Non.

— Comment ça, c'est non ? a-t-il réagi.

— Monsieur le préfet, si vous voulez accélérer le temps médiatique, vous risquez un échec tactique, et au journal de 20 heures on annoncera un échec tactique...

— Je ne peux pas dire ça au directeur de cabinet, dit-il.

— Si vous voulez, faites le numéro, et je lui dirai. » Le préfet s'est alors rendu compte que s'il me laissait parler au directeur de cabinet, c'est lui qui passait pour un âne. Il a donc rappelé le directeur de cabinet, et tout s'est très bien passé.

Deuxième histoire, quand Manuel Valls, alors ministre de l'Intérieur, est venu au GIGN, juste après son arrivée place Beauvau. À un moment de sa visite il me dit : « Mon général, je voudrais que vous me donniez votre avis sur l'intervention du Raid dans l'affaire Merah. » Je lui ai répondu que je n'y étais pas, mais j'ai ajouté qu'il y avait une chose dont j'étais sûr, c'est qu'à un moment l'on n'avait pas su dire non aux politiques. Manuel Valls s'est raidi, a froncé les sourcils, et m'a demandé de préciser ma pensée. « Quand on impose le temps de résolution de l'opération au tacticien, lui ai-je expliqué, on lui impose des contraintes supplémentaires et on diminue sa capacité de souplesse. La souplesse est souvent une des clés de la réussite. Dans ces moments-là, il ne faut pas imposer des contraintes inutiles à l'opérationnel. » Puis j'ai livré à sa réflexion cette phrase déjà citée un peu plus haut : « Il ne faut jamais oublier que l'échec tactique est toujours un échec politique. » Il s'est à nouveau raidi, il a gardé le silence pendant de très courtes secondes, puis s'est tourné vers Denis Favier, alors son conseiller gendarmerie, et lui a dit : « Denis, quand tout ira mal, ça, vous me le rappellerez. »

L'idéal, vous l'aurez compris – mais ce n'est pas toujours possible –, c'est de faire connaissance avec son décideur avant la crise et pas pendant ! Les Britanniques, quand ils font des exercices sur des prises d'otages nationales, le Premier Ministre joue lui-même son rôle, ce n'est pas un huitième conseiller du 10 Downing Street qui prend sa place. Chez nous, ce n'est jamais le cas !

**J.-M. F. :** C'est très intéressant, car c'est exactement ce que j'ai pu ressentir en tant que chef du Raid, et ce que je vois aujourd'hui en tant qu'homme politique.

Si je m'en tiens à mon expérience de chef du Raid en particulier, et de policier en général, je dois reconnaître que j'ai eu peu de problèmes avec des hommes et des femmes politiques. En réalité, c'est souvent et surtout avec les entourages que le courant peut ne pas passer. Pour la plupart, ce sont des gens qui ne connaissent absolument rien au terrain, et qui, probablement, se sentent investis d'une parcelle de pouvoir qui les conduit à commettre des erreurs, sans parler de ceux dont la culture les conduit à se « méfier » des policiers. Mais tous ont ce dénominateur commun de vouloir protéger outrageusement leur patron en édulcorant les aspects les plus rudes que l'on peut rencontrer dans le commandement opérationnel. Respectons donc, autant que possible, la sagesse de ce proverbe ancestral qui conseille de s'adresser à Dieu plutôt qu'à ses saints… Le problème c'est que les décisions risquent d'être prises à travers le prisme déformant de cet entourage politique. Et ce ne sont pas ces gens-là qui devront endosser les responsabilités d'une mauvaise décision ; ce sont d'un côté le chef d'unité et de l'autre le ministre. L'entourage, à un certain moment, peut être vraiment toxique.

**Il faut donc avoir du caractère pour commander ces groupes d'intervention ! Mais les patrons ont-ils toujours le courage de s'opposer à une mauvaise décision opérationnelle, de dire non ?**

**J.-M. F. :** Il y a eu de tout à la tête de nos unités, mais s'il y a bien une chose qu'on ne peut pas reprocher à aucun d'entre eux, c'est d'avoir une forte personnalité ! Chacun la sienne, bien sûr, mais on ne peut pas avoir la responsabilité de telles unités, sans avoir un caractère qui permet de dire non, chacun à sa manière et dans son style bien évidemment. Ce n'est pas seulement une façon de se comporter face à l'homme politique, au donneur d'ordre, mais aussi et surtout d'être loyal vis-à-vis de ses hommes, d'être digne de la confiance qu'ils ont mise en vous. Pas question de les envoyer au casse-pipe pour satisfaire les volontés d'un technocrate. C'est vrai, il faut avoir le courage, parfois, d'aller à la confrontation, ce qui est rarissime. Il suffit le plus souvent de fournir les bons arguments en sachant se montrer persuasif.

**T. O. :** J'ajouterai qu'en ce qui concerne l'officier du GIGN, on lui apprend très vite à savoir dire non. Ce n'est pas quand il est commandant du GIGN qu'il doit commencer à dire non, ce serait trop tard. Je me souviens d'une équipe de voyous qui attaquaient des distributeurs de billets de manière assez violente. Cela faisait des mois qu'ils mettaient en échec les forces de sécurité. Tout le monde était sur les nerfs, et il y avait une pression administrative et judiciaire qui obligeait gendarmes et policiers à déployer des forces histoire de dire qu'on faisait « quelque chose » : on avait une obligation de moyens faute de résultats. Après avoir obtenu un « tuyau » des enquêteurs, le GIGN avait été chargé de monter une opération sur un « flag » (un flagrant délit) sur un distributeur de billets. Une opération tactiquement assez compliquée à monter en raison de la topographie des lieux dans le sens où il était difficile d'affirmer que nous n'allions pas laisser aux braqueurs des opportunités d'ouvrir le feu ou de s'enfuir. Or, une bavure survient souvent quand les forces de l'ordre n'ont pas pu fermer toutes les portes. À l'époque l'affaire était tellement vaste géographiquement, qu'un général de gendarmerie avait pris le commandement des opérations visant cette bande.

Je présente donc l'opération avec toutes les réserves que je viens d'évoquer, quand soudain le général m'interrompt et me dit : « Mon capitaine, je ne comprends pas qu'au moment où les braqueurs arrivent vous ne demandiez pas à un tireur d'élite de leur mettre une balle dans la tête pour en finir… » En réponse, je lui ai demandé s'il voulait bien m'écrire sa requête. Ce qu'il a refusé, bien entendu. À tout moment, on peut avoir un donneur d'ordre qui, pour x raisons, peut vous amener à prendre de mauvaises décisions. Il faut savoir dire non, un non qui peut être frontal, bête et méchant ou plus circonstancié, ce qui est toujours préférable… On peut adapter son langage tout en restant ferme.

On peut aussi reprendre un exemple dramatique pour la gendarmerie, celui des paillotes en Corse. Jamais personne n'aurait demandé au GIGN de se charger de cette opération. Je me souviens qu'à l'époque le commandant du GIGN avait dit au patron des opérations de la gendarmerie, quelques mois auparavant : « attention mon général, cet officier ne sait pas dire non », en parlant du patron du groupe d'intervention spécialement créé pour brûler les paillotes. Ce n'était pas sa faute. On apprend rarement aux gens à savoir dire NON.

**L'une des difficultés que vous devez affronter assez souvent n'est-elle pas d'une certaine l'image que vous véhiculez ? Quand le Raid ou le GIGN débarque quelque part, cela fait figure d'évènement…**

**T. O. :** Certainement. Une image médiatique nous accompagne en permanence, où que nous allions, *a fortiori* quand l'opération est elle-même déjà médiatique et de portée nationale, voire internationale.

J'ai en mémoire cette affaire de militaires français tués en Guyane, sur un site d'orpaillage au début du quinquennat du président Hollande. Le directeur général de la gendarmerie m'appelle et m'annonce qu'une équipe du GIGN va être envoyée en Guyane, dans la forêt amazonienne. C'est là que notre culture militaire est importante étant donné la nature du terrain qui demande un entraînement spécifique et énormément de rusticité. Le directeur me demande comment on peut opérer pour retrouver et arrêter les meurtriers. Suivre quelqu'un, retrouver sa trace dans un tel milieu n'est évidemment pas une mince affaire avec une unité qui va devoir s'enfoncer dans la jungle face à des gens qui n'hésiteront pas à nous tendre des embuscades. J'avais répondu par l'affirmative et estimé le nombre d'hommes nécessaires pour une telle opération à une vingtaine, en plus du soutien de la gendarmerie et de l'armée déjà présentes sur place. Le directeur général n'était pas de cet avis. Quand il m'a rappelé, il m'a annoncé que nous ne partirions pas à 20 mais à 12. J'ai marqué ma surprise. Puis le DG a poursuivi en me précisant que le président de la République, donc François Hollande, avait estimé que 12, cela suffisait en affichage ! Autrement dit, juste ce qu'il fallait pour montrer que l'État était réactif, sans laisser penser qu'il surréagissait. On n'avait pas tenu compte de notre demande et surtout pas de l'aspect purement opérationnel ; le politique, au plus niveau, avec les éléments qui étaient les siens et qui, vus de sa fenêtre, étaient probablement justes, a estimé que 12 était un bon chiffre ! Je cite cette anecdote pour montrer que, parfois, nous sommes confrontés à des jugements à caractère médiatique et qui peuvent avoir des conséquences opérationnelles sur le terrain.

Nous n'avons pas eu le choix. Douze hommes sont partis. Ils en ont bavé ; ils ont passé un mois et demi à ne faire que des opérations de nuit au cœur de la forêt amazonienne.

**J.-M. F. :** Oui, d'emblée, le simple fait pour un homme politique de saisir le GIGN ou le Raid, c'est déjà tout un symbole, une image envoyée aux médias et à l'opinion, qu'il le veuille ou non. *Idem* pour les forces spéciales ou le porte-avions, ce sont des mots, des noms, qui véhiculent des images fortes, qui signifient que l'évènement à traiter est tout sauf anodin. Nous devons, nous aussi, en tant que chefs d'unité, en tenir compte. Si le chef du Raid est toujours choisi par le ministre de l'Intérieur, ce n'est pas par hasard.

Je veux ajouter que cet enjeu politique nous l'intégrons en acceptant ce poste, et nous savons aussi en jouer. Les plans de développement médiatique sur une affaire, on les comprend bien, on sait comment réagissent les cabinets, ce qui les intéresse, ce qu'ils veulent ou ne veulent pas, etc.

Quand il y avait une menace ou un attentat terroriste, toutes les antennes du Raid étaient mises en alerte, et nous savions que le pouvoir politique allait s'empresser de le faire savoir pour rassurer, pour dire que la menace était prise au sérieux, ce qui peut se comprendre. Mais il ne faut pas croire que seuls les décideurs politiques et leurs entourages sont capables d'avoir des raisonnements en termes d'affichage médiatique. De notre point de vue, ce que je qualifierai de barricade médiatique, barricade de protection, nous permet de travailler à l'abri, plus sereinement.

**T. O. :** Sur ce sujet capital qu'est la communication, je suis d'accord avec ce que dit Jean-Michel ; il faut une communication *a minima* pour se préserver et préserver son action. On sait d'entrée de jeu que le politique a besoin de communiquer. Il faut donc lui donner des éléments de communication. Nous savons que sa vie d'homme politique, d'homme public, est en partie guidée par la communication. Nous devons donc nous aussi accepter ce point de vue. Nous devons donc lui donner des éléments. Inversement, pour le temps de la crise et le temps de l'après-crise, il faut faire attention à ce que l'on dit pour ne pas dévoiler des modes opératoires qui pourraient être utilisés par l'adversaire, y compris durant l'opération.

Au début des années 2010, il y avait eu une attaque terroriste en Australie. Simultanément à cette attaque, les terroristes avaient fait sauter une voiture aux abords des bâtiments où se trouvait l'unité d'intervention nationale. Notre ennemi n'est pas plus stupide qu'un autre ; il sait quel sera son adversaire principal et tentera de le neutraliser dès le début. Communiquer c'est bien, mais il faut prendre toutes les mesures médiatiques de manière à préserver l'unité, c'est-à-dire en l'occurrence en donnant le moins de détails possible, voire aucun, sur ses lieux de casernement. Je vais encore citer les Britanniques qui ont une longue tradition antiterroriste avec l'IRA, adversaire de premier plan, et qui ont déjà réfléchi à cet aspect des choses. Dès qu'il y a un début de crise, les forces spéciales, notamment les SAS, font ce qu'ils appellent un « desserrement ». Immédiatement ils quittent leur base de Hereford et sont positionnés sur une base secrète. L'adversaire dans ce cas ne peut pas organiser un tir de mortier sur l'unité quittant sa base, ou placer des explosifs sur son trajet, comme savait très bien le faire l'IRA. Et les médias ne peuvent couvrir en images le départ de l'unité antiterroriste.

La communication doit toujours être hypermaîtrisée en pensant qu'on peut attaquer le chevalier blanc avant qu'il ait commencé lui-même à s'engager. Nous savons, en tant que chefs d'unité, ce sur quoi nous pouvons ou ne pouvons pas communiquer. Je prends l'exemple d'une mutinerie en milieu carcéral sur laquelle nous intervenions. À un moment, la négociation n'avançait pas. Sachant que TV et radios étaient là, prêtes à saisir tout mouvement, nous avons fait mine de nous affairer, de nous équiper, comme si nous nous préparions à monter à l'assaut contre les mutins. Mouvement repéré par les journalistes qui ont transmis l'information en direct, notamment sur France Info : « Visiblement le GIGN se prépare, l'assaut va probablement être donné… » Résultat, les négociations, comme par enchantement, ont pu déboucher.

Ce que je veux simplement dire c'est qu'il faut savoir sur quoi on communique et pourquoi on communique, tout en sachant que l'autorité politique voudra toujours des éléments pour dire qu'elle est au courant et qu'elle fait quelque chose. C'est leur rôle. Il faut savoir les abreuver, mais jamais au grand jamais ces éléments ne doivent entraver l'action future.

**J.-M. F. :** J'ajouterai qu'il y a aussi un problème d'anonymat des opérateurs – ce n'est pas pour rien qu'ils portent des cagoules –, raison pour laquelle les seuls qui communiquent, outre la cellule de communication du ministère, ce sont les trois commissaires du Raid et éventuellement le numéro 4.

Effectivement, et tout le monde le comprendra, nous ne devons pas communiquer sur nos méthodes. J'en veux pour preuve que lorsque des préfets, des responsables politiques ou même des journalistes souhaitaient assister à des entraînements, nous estimions que l'entraînement en tant qu'exercice réel qui aurait dû nous apporter quelque chose était terminé. L'exercice devenait alors une démonstration, l'idée de l'exercice étant de se mettre dans le rouge pour pouvoir en tirer des enseignements qui nous serviront pour l'avenir. Or, si nous avons un « public », il est impossible de se mettre dans le rouge, situation qui serait interprétée comme un échec, ou/et qui dévoilerait une partie de notre technicité que nous tenons à préserver pour des raisons d'efficacité.

# LE RETEX OU L'INDISPENSABLE RETOUR D'EXPÉRIENCE

**Autre phase importante, voire essentielle, dans des unités comme les vôtres : le Retex, acronyme signifiant « retour d'expérience », autrement dit en bon français, le débriefing détaillé d'une opération…**

**T. O. :** Vous l'avez dit, le Retex c'est quelque chose d'essentiel pour progresser. C'est le moment où l'on passe au crible aussi bien nos façons de procéder que nos équipements. Rien ne doit être laissé au hasard. L'idée étant évidemment de cibler les choses à améliorer. En principe, un Retex doit se traduire par des actions de formation, d'amélioration de tactiques ou/et d'équipement. Au GIGN, il y avait une règle de base – je pense qu'elle n'a pas changé –, qui était toujours de dire : « Ce n'est pas parce que tout s'est bien passé qu'on a bien fait. » Les gens ont toujours tendance à s'envoyer des lauriers, or si on analyse bien une intervention, on se rend compte très souvent qu'on n'est pas passés loin d'un incident. En réalité, il y a toujours des petits problèmes et des marges de progression.

Autre chose importante dans le Retex : il faut qu'il soit compris par nos hommes et femmes, et que chacun ou chacune fasse preuve d'humilité. Quand on évoque des choses qui n'ont pas marché, on froisse inévitablement quelqu'un qui se sent immédiatement visé.

Au GIGN, il y a deux Retex. Le premier est à chaud, dès que l'opération est finie. C'est un Retex « temporel ». C'est-à-dire qu'on décortique minute par minute, ou presque, une opération : À 5 h 55, on s'est mis en place, à 6 heures, on a fait sauter la porte, à 6 h 01 on est entrés dans l'appartement, etc. Et chacun dit ce qu'il s'est passé entre telle et telle heure. On s'aperçoit alors que dans les moments les plus intenses, beaucoup de gens n'ont pas eu le temps de visualiser des choses. Exemple : au moment de l'assaut, des hommes ont marché sur un corps et ne s'en sont pas rendu compte, polarisés par le point qu'ils devaient atteindre dans l'appartement. La mémoire est donc assez fugace dans ces moments-là. Raison pour laquelle un « Retex temporel » est toujours indispensable pour éviter que des choses ne soient oubliées.

Le second Retex est un Retex dit « à froid ». Il a lieu dans les locaux du GIGN, à Satory. C'est un Retex « thématique » auquel peuvent assister des gens qui n'étaient pas là lors de l'opération. Les experts sont présents, ceux qui maîtrisent un domaine particulier et sont capables de le faire avancer. Exemple : s'il y a eu une ouverture de porte à l'explosif, on va demander au spécialiste du domaine d'être présent en plus de ceux qui ont participé à l'intervention, pour qu'il puisse identifier d'éventuels problèmes et commencer à chercher une solution. Je me souviens qu'au tout début des années 1990, on avait fait une opération dans un immeuble, à Montpellier. En faisant sauter une porte, toutes les autres portes de l'étage s'étaient ouvertes en même temps sous l'effet de souffle. Il nous a donc fallu chercher la façon de maîtriser le souffle, afin qu'il travaille vers la porte et non vers l'extérieur, sans compter que cet effet de blast est quelque chose d'assez traumatisant pour les équipiers présents. Avec ce Retex à froid, on va arriver, thématique par thématique, à disséquer cette phase de l'ouverture du bâtiment, savoir précisément comment elle s'est passée ; y avait-il trop ou pas assez de charge ? La pose a-t-elle été trop longue ? Etc. Chaque question induisant, on s'en doute, une réponse et la façon de mieux procéder.

Le Retex sert à piéger les détails. Je vais en donner trois. Le premier remonte aux premiers temps du GIGN. À l'époque, il y avait beaucoup plus de fumeurs qu'aujourd'hui. Durant la surveillance d'un immeuble, un de nos gars a fumé. Quand la « cible » est arrivée, il a senti l'odeur de la cigarette et fait demi-tour. On l'a arrêté plus tard, et c'est lui qui nous a expliqué pourquoi il était parti. Deuxième détail, toujours sur une opération : les bandes velcro. Un gendarme au cours de la progression a accroché un adhésif qui, en s'arrachant, a fait du bruit. Depuis, il n'y a plus aucune bande velcro sur les tenues d'intervention. Les seules sont celles qui servent à accrocher les insignes de l'unité, mais on les enlève avant l'intervention. Troisième exemple de détail : il est 6 heures du matin, il fait nuit, on rentre dans un immeuble avec la colonne d'assaut pour se mettre en place, la prudence voudrait qu'on n'allume pas la lumière. Mauvais réflexe. Il faut au contraire l'allumer, car si on fait un tout petit peu de bruit, la cible, *a priori* sur ses gardes, pourrait s'alarmer en entendant la porte s'ouvrir et s'étonner que la personne qui rentre n'allume pas la lumière. Autre exemple : c'est parce qu'on avait eu des problèmes en Nouvelle-Calédonie, pendant l'opération dans la grotte d'Ouvéa, qu'on a commencé à réfléchir sur la façon de faire une nacelle, extraire rapidement une équipe et des personnes non formées comme des otages, à partir d'une zone difficile d'accès.

**Ces séances de Retex sont-elles longues ? Y en a-t-il beaucoup après une opération ?**

**T. O. :** Il peut y en avoir plusieurs, car on peut identifier un problème qui va faire naître un dossier. Si, par exemple, on veut faire diminuer un effet de souffle, on ne trouvera pas la solution en un coup. Au fur et à mesure des tests, au fur et à mesure des opérations, ce Retex va durer, s'enrichir, avant qu'on trouve la bonne solution.

Par ailleurs, chaque opération fait l'objet d'un rapport détaillé sur le déroulé du scénario. Et chaque rapport est adressé à la direction générale.

**J.-M. F. :** Je me retrouve totalement dans ce que Thierry vient d'expliquer. L'effet de souffle sur les portes en est l'exemple type. Ce fut le cas lors de ma dernière opération à Montpellier, avant de quitter le Raid. Une opération antiterroriste avec l'antenne Raid de Marseille. Nous étions sur un palier, et de la même façon, lorsqu'on a utilisé les explosifs, l'effet de souffle a ouvert toutes les portes. *Idem* pour la lumière dans l'entrée d'un immeuble, cela nous est arrivé de nous faire repérer pour ne pas l'avoir allumée. Mohammed Merah, au cours de la trentaine d'heures de négociations, expliquera aussi pourquoi il s'était méfié en attendant la porte de l'immeuble s'ouvrir sans que la lumière soit allumée.

Sur le plan opérationnel, Thierry a tout dit. Oui, le Retex est essentiel pour progresser, pour améliorer le travail de nos unités du point de vue tactique et technique. Il va aussi nous aider à nourrir les entraînements, et à améliorer le management.

**Certains sont probablement plus difficiles que d'autres, notamment quand une intervention ne se déroule pas dans de bonnes conditions…**

**J.-M. F. :** Certains peuvent se faire dans la douleur. C'est le cas de celui sur l'intervention contre Mohammed Merah qui s'est fait dans le long terme et la douleur. Il faut rappeler qu'à l'époque le Raid, ou même le GIGN, négociaient encore avec les terroristes islamistes. On sait que Merah, c'est l'an zéro des islamistes radicalisés, décidés à mourir en *chahid* les armes à la main. Les consignes étaient de le prendre vivant, et les gens du Raid ont pris de gros risques pour tenter d'y parvenir. C'est pour cette raison qu'au lendemain de l'opération, ainsi que devait le révéler le Retex, une espèce d'acrimonie s'est installée chez certains hommes du Raid, à la fois contre la hiérarchie policière, mais aussi administrative et politique. Il est un fait que cette affaire aurait été résolue plus rapidement si les autorités n'avaient pas imposé une négociation longue pour prendre Mohammed Merah vivant, ce qui finalement n'a pas été le cas. Mais j'insiste à nouveau, à l'époque nous n'avions pas le recul sur le mode opératoire de ce type de terroriste et le Raid a fait ce qu'il savait faire ; il a négocié jusqu'au bout. Il a fallu débriefer tout ça, l'évacuer.

En ce qui me concerne, le Retex que j'ai fait, moi aussi, dans la douleur est celui de l'*Hyper Cacher* de la porte de Vincennes. Quand je suis arrivé sur place, vingt-six personnes étaient retenues en otage. Nous les avons toutes libérées. Les quatre otages tués l'avaient été avant notre arrivée. De notre côté, nous avons eu cinq blessés au niveau des jambes ; depuis ils ont retrouvé toute leur mobilité. Quitte à être immodeste, je peux qualifier cette opération de réussie. Malgré cela, le Retex de Vincennes a été difficile et s'est étalé sur plusieurs séances à plusieurs niveaux…

**A-t-il eu lieu avec la BRI ?**

**J.-M. F. :** Malheureusement non. Je l'ai suggéré mais il y a eu des tensions entre le DGPN, Jean-Marc Falcone, et le préfet de police, Bernard Boucault. Celui-ci estimait, bien évidemment après le dénouement heureux de l'opération, qu'il n'était pas utile d'appeler le Raid, et que la BRI aurait pu remplir cette mission. Le problème c'est que le ministre de l'Intérieur, Bernard Cazeneuve, en a décidé autrement. Puis les choses se sont envenimées. J'ai assisté à des réunions très tendues alors qu'il était question de renforcer l'interopérabilité entre les deux unités. Tendues à tel point que le préfet de police a préféré quitter la salle, emmenant avec lui le chef de la BRI ! Le moins qu'on puisse dire c'est que la situation ne se prêtait guère à un Retex commun Raid/BRI. Je le déplore.

**Le Retex s'est donc déroulé chacun de son côté…**

**J.-M. F. :** Oui, et comme je le disais en plusieurs temps. D'abord à chaud avec les groupes, les groupes se sont réunis en section. Un mois après, on a fait un Retex général en prenant l'ensemble des équipes de commandement, jusqu'aux majors qui dirigeaient les groupes. Retex qui a mal commencé puisqu'un groupe de 4 ou 5 hommes a remis en cause la stratégie adoptée porte de Vincennes par le Raid et son chef. Évidemment, je les ai laissés parler. Bien que la stratégie, déterminée à la lumière de cette nouvelle menace que représentaient les islamistes, bien que cette stratégie ait été largement expliquée – on ne négocie plus, on intervient vite pour éviter des victimes supplémentaires, on va jusqu'au bout de l'assaut une fois qu'il est lancé, jusqu'à la neutralisation du terroriste, etc. –, eh bien malgré tout cela, malgré ce que j'ai appelé plus haut le « management de cœur », puis le « commandement de guerre », le Retex a tout remis en cause. Ou plus exactement, des anciens du Raid, très peu nombreux mais encore très présents, des « historiques », qui en sont revenus à leur ancienne manière de faire, à savoir qu'on aurait dû négocier, progresser plus lentement à l'abri des boucliers roulants, les Ramsès. Puis ils ont estimé qu'on n'aurait pas dû passer devant les baies vitrées de l'*Hyper Cacher*, alors que derrière ces baies vitrées – mais ils ne le savaient pas –, il y avait des réfrigérateurs industriels et que personne n'avait pu voir notre progression.

Ils se sont plaints également de ne pas avoir su comment ouvrir le volet roulant alors que nous avions les clés – ce qui reste le meilleur moyen d'ouvrir une porte. Néanmoins, les explosifs étaient prêts au cas où les clés n'auraient pas fonctionné, etc. Ils nous ont reproché de ne pas les avoir informés de tout cela, mais il fallait aller vite, très vite, alors que Coulibaly savait peut-être que l'assaut avait été donné contre les frères Kouachi, à Dammartin-en-Goële, et que l'on craignait qu'il se venge en tuant les otages.

Il était important d'entendre ces reproches, c'est pour cette raison que j'ai laissé les détracteurs parler en premier. Puis je leur ai expliqué – comme le commandement l'avait déjà fait – qu'il y avait une nouvelle stratégie, et que l'ancienne manière pourrait toujours être utilisée face à des preneurs d'otages plus « classiques ». J'ai été rejoint dans mes explications par l'ensemble des officiers supérieurs.

Les choses se sont un peu calmées, sauf pour quatre d'entre eux qui n'ont pas supporté ce changement et qui ont fini par quitter le Raid. Par la suite, après que l'abcès a été crevé, on a pu décortiquer vraiment chaque phase de l'opération, et surtout l'expliquer. Il y a eu un vrai Retex par spécialité, sur la manière de faire, sur la manière de commander. Qu'est-ce que cela signifie ? Eh bien, que le Retex permet aussi aux opérateurs de s'extérioriser, de décharger l'énergie négative qu'ils ont accumulée, jusqu'à malmener la hiérarchie. En tant que patron d'une unité comme le Raid, on doit accepter, dans ce cas précis, de servir de défouloir – sans toutefois dépasser les bornes – pour rentrer ensuite dans une sérieuse et sincère discussion qui va nous faire évoluer à la fois sur la technique et sur la stratégie de commandement.

**T. O. :** Il faut que la discussion soit totalement ouverte, Jean-Michel a raison. Il ne faut pas que le Retex donne l'impression que quelqu'un jette un voile pudique sur tel ou tel aspect de l'opération. L'important est de toujours laisser les gens parler, du patron au plus jeune des équipiers. Chacun doit avoir le droit de s'exprimer. Parfois un facilitateur est nécessaire quand cela devient trop débridé ou trop passionné.

Deux choses me paraissent importantes, indépendamment du côté psychologique. Le Retex est fait pour dégager de l'expérience. L'expérience, il faut la conceptualiser et l'écrire. Sinon, on la laisse entre les mains de personnes qui, le jour où elles quittent l'unité pour X raisons, partent avec ce savoir qui risque de disparaître. Ce savoir, fruit de nombreuses années d'expérience, appartient au groupe et non à une seule personne. D'autre part, le savoir, quand il est écrit, se transmet plus facilement. Je me suis donc toujours attaché à ce que les Retex soient retranscrits. De même il est important de bénéficier du Retex des autres. Au GIGN, nous partagions beaucoup de Retex avec deux unités particulières qui sont le Yamam israélien et les Russes des groupes Alpha et Vympel, car eux aussi formalisent très bien tous leurs Retex qu'ils déclinent en savoir-faire dont nous étions très demandeurs. Par exemple, les Israéliens avaient – et ont toujours – beaucoup d'expérience dans la façon de progresser dans des zones piégées. Situation qu'ils rencontraient régulièrement. Ils ont donc développé des techniques intéressantes qu'il était bon de connaître et d'apprendre.

Il faut avoir conscience que les unités d'intervention ne sont pas les seules à débriefer leurs opérations ; nos adversaires organisent aussi des séances de Retex. Comme nous, al-Qaida puis l'État islamique tiraient des conclusions de leur expérience, en décortiquant leurs propres opérations. Comment réagir face à un assaut ? Quel type d'explosif n'a pas fonctionné, lequel a fait le plus de dégâts ? Et eux aussi écrivent pour former et être plus efficaces… Évidemment, notre objectif est d'avoir accès à ces retranscriptions, ce qui nous permet de mieux comprendre la façon dont ils se préparent, nous perçoivent, développent des contre-mesures, et à nous, bien sûr, de parer les coups en étant plus efficaces face à eux.

**Les échanges de Retex entre GIGN, Raid et BRI existent-ils ?**

**T. O. :** Du temps où Jean-Michel et moi étions à la tête de nos unités respectives, nous avions eu notamment des échanges sur la protection des hommes et sur un réseau radio commun. J'en avais eu un également sur l'intervention contre Mohammed Merah.

**Jean-Michel a évoqué les Retex difficiles. Y en a-t-il eu également au GIGN ?**

**T. O. :** Oui, bien sûr. J'en ai un particulièrement en mémoire. Il ne s'agit pas d'un Retex ayant suivi une opération, mais un entraînement qu'on avait eu avec les marins sur l'assaut d'un bateau en haute mer. Un sous-officier qui travaillait dans les transmissions du GIGN est tombé à l'eau et s'est noyé. Le Retex qui a suivi a été particulièrement douloureux. La question était de savoir pour quelle raison cet homme était tombé et pourquoi il avait coulé. Quand je dis « la » question, c'est plutôt « les » questions : avait-il besoin d'être là ? Était-il suffisamment formé ? Etc. Tout cela a fait ressortir des choses sous-jacentes. Même s'il faut laisser chacun s'exprimer parce qu'il y a beaucoup d'émotion et de douleur, au bout d'un moment il faut en sortir et trouver les bonnes réponses pour que cela ne se reproduise pas.

**Mais cela peut-il aller, comme au Raid, jusqu'à une remise en cause du commandement, jusqu'à des démissions ?**

**T. O. :** Si la forme peut changer, le fond est souvent le même. Il y a eu des articles dans la presse portant atteinte à l'image de l'unité. Ce n'est pas une bonne chose : le linge sale, il faut le laver en famille, ne pas l'exposer sur la place publique. Ce genre de réaction s'explique ; quand quelqu'un prend une décision, il y a toujours quelqu'un d'autre pour dire qu'il aurait fait mieux ou différemment ! Que le GIGN soit une unité militaire n'y change pas grand-chose. Il y a les mêmes caractères humains, les mêmes « historiques » qui prétendent savoir mieux que tout le monde... Après, dans ce genre de milieu, le gars le plus légitime c'est celui qui a le plus d'expérience. Ce qui ne signifie pas qu'il a forcément raison ! La vérité finale appartient à ceux qui sont sur le terrain.

J'avais pour règle de dire que « quand on pense que c'était mieux avant, c'est qu'on devient un vieux con ! ». L'objet évolue, il s'adapte, se développe. Le GIGN ne peut pas rester éternellement celui de ses débuts. Cela me paraît une évidence. On est passé d'une logique qui était tout à fait adaptée à celle des années 1970 à une autre logique qui correspond à celle des années 2000. On est logiquement passé du MR 73 à des armes en 9 mm ou en 5,56 mm. Je me souviens d'un officier qui avait proposé d'utiliser les AK 74, les fusils russes kalachnikovs qui avaient un très bon pouvoir de pénétration. Pourquoi pas ? Pourquoi ne pas essayer quitte à refuser ? Il ne faut jamais renoncer à ouvrir une porte quitte à la refermer.

Un patron ne doit pas avoir de position dogmatique, il ne doit pas être buté. Cela ne signifie pas qu'il faille remettre en cause les piliers qui sont les principes de l'unité. Mais il faut avoir la plus grande souplesse possible, la plus grande faculté d'adaptation possible.

**J.-M. F. :** Je voudrais revenir sur les échanges de Retex. Si avec la BRI il n'y en a pas eu tout de suite sur Vincennes, cela ne veut pas dire qu'il n'y en a pas eu du tout. Nous avons eu le nôtre et la BRI le sien, chacun de son côté. Nous avons échangé nos informations un peu plus tard.

De même avons-nous débriefé ensemble sur l'intervention au *Bataclan*.

Quand on intervient, nos camarades de l'intervention, qu'ils soient gendarmes, policiers de la BRI ou d'unités étrangères, nous sollicitent pour avoir des informations. En ce qui concerne les groupes d'intervention étrangers, il y a en premier lieu les Européens, ceux du groupe Atlas[1]. Nous échangeons également beaucoup avec les unités des forces spéciales comme le 1er RPIMa et le 13e RDP, qui, s'ils sont demandeurs, sont également porteurs d'une expérience qui nous intéresse.

**Y a-t-il eu des Retex à l'origine de changements importants, que ce soit au GIGN ou au Raid ?**

**J.-M. F. :** Oui. L'affaire Merah en est le meilleur exemple. En faisant un Retex commun avec Thierry sur cette opération menée par mon prédécesseur, Amaury de Hauteclocque, mais aussi sur le *Westgate* de Nairobi, l'évidence nous a sauté aux yeux : ces terroristes-là avaient une nouvelle manière de faire, avec cette volonté de se battre jusqu'à la mort, ce refus de se rendre, d'aller jusqu'au sacrifice suprême pour honorer leur Dieu et avoir leur place au paradis, ainsi qu'ils le croient. Cela nous laissait peu de marge de manœuvre. Ce constat a été à l'origine d'un changement majeur dans notre stratégie et notre tactique d'intervention. Nous devions prendre des décisions au niveau de ce que Thierry appelle la gestion du temps, nous devions faire en sorte de le maîtriser à nouveau. Dès lors, notre première question a concerné la négociation. À quoi servait-elle face à quelqu'un qui va à la mort et dont on sait qu'il ne se rendra pas ? Cela peut nous faire perdre du temps, c'est aussi prendre le risque de laisser au terroriste le temps de tuer des otages, de placer des charges explosives

1. *Le réseau Atlas regroupe les unités d'intervention des 27 États de l'Union européenne. L'objectif du réseau Atlas est d'améliorer la coopération et renforcer la formation entre ces unités.*

ou plus simplement de communiquer avec des complices. Mais ce n'est pas si simple, car nous aussi nous avons besoin de temps pour nous préparer, il faut donc garder le contact avec le terroriste, même si nous savons que la négociation ne servira à rien. Cette nouvelle stratégie induit également ce que nous appelons la « non-réversibilité » de l'assaut ; cela veut clairement dire que dès que l'assaut est lancé, nous allons jusqu'au bout de l'opération sans aucune interruption dans la progression, y compris si nous avons des blessés dans la colonne.

Je voudrais également revenir et insister sur ce qu'a dit Thierry sur la façon de se réaccaparer le savoir. Le savoir, dans des unités comme les nôtres, c'est celui des spécialistes qui ont acquis des connaissances auxquelles personne d'autre n'a eu accès. La difficulté est que ce spécialiste ne fasse pas de son savoir une chose trop personnelle qu'il n'aurait à partager avec personne. J'ai un exemple très parlant à ce sujet. Quand j'ai été nommé à la tête de la Direction départementale de la sécurité publique à Cayenne, nous avions des correspondants informatiques. J'en avais un à ma disposition, un brigadier qui tenait entre les mains, grâce à son savoir spécifique, toute l'informatique du commissariat. Mais il était le seul, ce qui évidemment pouvait poser un problème en cas de panne, s'il prenait des congés ou tombait malade. L'autre difficulté est qu'il avait pris une sorte de pouvoir transversal sur nos commissariats, étant le seul capable de s'occuper de la maintenance de nos ordinateurs – à la fin des années 1990, les utilisateurs ne possédaient que peu de connaissances approfondies du fonctionnement des appareils et des applications. Il m'est arrivé de me heurter à lui quand il refusait pour telle ou telle raison d'installer des appareils ou de les réparer. Ce qui était vrai à Cayenne pouvait l'être dans n'importe quelle autre unité de la Police nationale, Raid y compris. Le pouvoir de l'expert peut donc être une source de blocage, d'où la nécessité de partager le savoir, et d'éviter ainsi que s'érigent des citadelles imprenables pour ne pas être à la merci d'une seule personne, qui souvent peut être parmi les plus anciennes de l'unité. Et le Retex permet d'identifier ce genre de problème. Je compare souvent le Retex à ces palabres qui autrefois réunissaient un village autour du feu et qui permettaient d'échanger, de faire vivre la communauté.

**Ce qui apparaît dans ces Retex, au GIGN comme au Raid, c'est la difficulté du commandement. Les hommes sont-ils plus difficiles à diriger dans une unité d'intervention qu'ailleurs ?**

**T. O. :** De toutes les unités que j'ai commandées, de tous les postes que j'ai occupés, que ce soit en gendarmerie ou dans le civil, je peux vous affirmer que diriger le GIGN est de loin le plus dur des commandements ! Autant c'est simple en opération, c'est une machine qui roule, c'est de « l'horlogerie suisse », autant cela devient plus compliqué quand on a tous les « étalons » qui sont enfermés dans la caserne de Satory ! Il y a une exigence et beaucoup d'émotion. C'est un commandement basé à la fois sur la légitimité et beaucoup de psychologie.

Qui recrute-t-on au GIGN ? On recrute des hommes et des femmes – et ce doit être la même chose au Raid – qui ont de très fortes personnalités, compétiteurs dans l'âme, très individualistes et auxquels on demande de travailler collectivement. Quand on part en opération, cet individualisme disparaît, ne reste plus que l'esprit collectif. Mais quand on retrouve cet esprit de compétition, et cet individualisme, dès qu'on rentre à la caserne. Un exemple m'a toujours frappé. Quand on regarde des gens faire leur footing au GIGN, jamais vous ne verrez un groupe de trois, quatre ou cinq personnes. Ils partent seuls ou, au mieux, à deux. Au-delà c'est la course à l'échalote.

**J.-M. F. :** J'ai peu de choses à rajouter ! Oui, les gars du Raid ressemblent à ceux du GIGN. Effectivement, le problème c'est le temps libre. Personnellement, j'ai vécu une période où il y en avait peu. C'est donc une difficulté que je n'ai pas eu à gérer, contrairement à mes prédécesseurs qui ont dû s'y frotter. C'est vrai qu'on a des gens qui ont de fortes personnalités. Quand on a deux coqs dans une basse-cour, c'est déjà problématique, mais quand il n'y a que des coqs c'est encore plus compliqué. Tout est une source de compétition, le physique, le technique, le tactique, etc.

En tant que patron, on en revient toujours à ce même constat : travailler sur l'humain. Il y a déjà beaucoup d'affect dans la police, mais c'est encore plus exacerbé au Raid. Les gens ont besoin de se sentir aimer, apprécier, je dirais qu'il faut presque les « cocooner », leur dire et pas seulement leur faire comprendre qu'ils sont les meilleurs. À cette émotivité, à cette susceptibilité à fleur de peau, il faut ajouter un côté « enfant gâté ». C'en est presque choquant, difficile à vivre pour un patron qui est passé dans d'autres unités, par exemple en sécurité publique, dans lesquelles il faut souvent se débrouiller avec des bouts de ficelle et un couteau suisse. Le Raid, c'est tout le contraire. C'est une unité particulièrement bien dotée en matériel, en moyens. C'est la vitrine de la Police nationale, et la vie quotidienne y est facilitée par une hiérarchie prête à combler nos moindres désirs, alors qu'ailleurs il faut se battre quotidiennement pour obtenir une cartouche d'encre pour l'imprimante !

La vie au Raid n'est pas si difficile que ça – je parle bien sûr hors intervention –, raison pour laquelle j'ai parfois du mal à comprendre l'attitude de certains policiers qui ont perdu du recul à force d'être un peu trop choyés, qui réclament beaucoup et semblent finalement insatisfaits de leur situation, qui finissent aussi par manquer un peu d'humilité.

**Thierry Orosco, il y a aussi des enfants gâtés au GIGN ?**

**T. O. :** Oui, bien sûr, et le rôle du patron c'est justement d'arriver à canaliser les passionnés sans pour autant les démotiver. Certains peuvent mettre en avant les risques qu'ils courent dans une unité d'intervention, risques de blessures, risque d'être tués. Argument que je ne trouve pas totalement recevable, car cela signifierait qu'un gendarme ou un policier qui fait de la sécurité publique ne se fait jamais tirer dessus, qu'il ne risque pas sa vie lui aussi ! J'ajouterai qu'il suffit de voir le nombre de policiers ou de gendarmes tués ou blessés chaque année en France pour le comprendre. Oui, être gendarme au GIGN ou policier au Raid est un job dangereux, oui chaque mission est dangereuse, c'est une évidence. Il faut cependant rappeler que les directions générales mettent à la disposition de ces unités des moyens importants ; chaque homme doit en être conscient, et c'est le rôle du chef de le rappeler, de ramener chaque chose à sa juste valeur. Oui, c'est une tâche complexe, surtout avec les profils que nous recrutons qui, par définition, doivent avoir de fortes personnalités. Nous voulons des combattants déterminés, pas des subordonnés dociles. À nous de les canaliser, de les faire grandir sereinement.

Je voudrais revenir sur cet aspect important que nous avons déjà évoqué, le plus important selon moi : le travail collectif, la capacité à travailler ensemble. Si on trouve un gars champion du monde en tout, avec huit médailles d'or en huit disciplines différentes, mais qui est incapable de travailler avec les autres, il ne nous intéresse pas. Mieux vaut un candidat un peu moins bon à l'esprit collectif qu'un individualiste qui va faire sauter le groupe. De toute façon, ce genre d'individu, surtout lors d'une opération, serait rejeté par le reste de l'équipe.

**J.-M. F. :** Je n'aime pas trop l'expression « enfant gâté », même si je l'emploie et même si elle est juste, car j'ai peur qu'elle cache la générosité de ces hommes qui savent faire preuve de beaucoup de courage, et il en faut quand il s'agit de monter à l'assaut au péril de sa vie. Mais l'une et l'autre de ces caractéristiques sont peut-être indissociables.

La difficulté est de relativiser les choses. Thierry l'a dit, oui ils affrontent la mort, c'est une évidence, un fait incontournable et incontestable. Pour cela ils doivent être respectés, mais ni plus ni moins que le policier qui arpente le bitume toute l'année. D'autant qu'aujourd'hui n'importe quel policier, ou gendarme, qu'il s'agisse d'actes terroristes ou de violence plus classique – et qui a tendance à augmenter –, peut se faire tirer dessus à tout moment. Il me semble que le différentiel de danger entre une unité d'intervention et une patrouille de sécurité publique est en train de se réduire, surtout si l'on considère que le policier ou le gendarme « classique » n'a pas le même entraînement, ni le même matériel, ni parfois la même protection juridique (par exemple l'anonymat) que son collègue du Raid ou du GIGN. D'ailleurs, j'estime que nous ne sommes pas à l'abri, un jour ou l'autre, d'une évolution qui verrait se réduire les « parts de marché » des unités d'intervention au profit de forces de police plus classiques capables, avec du matériel et de l'entraînement, d'intervenir plus vite et de manière efficace pour mener certaines opérations moins complexes que l'acte terroriste pur et simple. C'est le cas dans certains États aux États-Unis.

**T. O. :** Ce n'est pas faux… Auparavant les unités nationales étaient perçues de deux manières, à la fois comme l'unité qu'on peut exposer face à une situation très dangereuse, et celle qu'on utilise comme un bistouri car elle a une capacité et une précision que les autres n'auront jamais, grâce à leur sélection, leur formation, leur expérience, etc. Quant à la première partie, la partie exposition dont vient de parler Jean-Michel, ce n'est plus celle d'il y a trente ans. Les gens sont plus exposés sur la voie publique. Mais la fonction « bistouri », elle, restera toujours. L'État aura toujours besoin de cet outil. L'État a besoin de posséder la palette la plus large possible et complète des moyens d'action. Maintenant, la difficulté, nous la connaissons bien, nous l'avons déjà évoquée, c'est comment entretenir la vie de ces unités de pointe.

Pour revenir aux Retex, et conclure sur ce sujet dont nous nous sommes un peu éloignés, je veux vraiment insister sur le fait que ces séances et leur retranscription noir sur blanc sont le trésor de nos unités. C'est dans ces conclusions, je le répète, que nos unités vont puiser leur développement dans tel ou tel domaine. Raison pour laquelle les échanges avec d'autres unités de conclusions des Retex sont toujours du donnant-donnant. C'est le cas des Britanniques, toujours pragmatiques, qui ne donnent quelque chose que s'ils trouvent un intérêt à recevoir quelque chose ; ils ne donneront rien par altruisme.

Prenons un exemple concret de la capacité de ces échanges de Retex à modifier la tactique des unités. Chaque année, il y a des échanges entre groupes d'intervention, c'était le cas – et je pense que ça l'est toujours – entre le GIGN et le Yamam israélien. Or, la formation de base d'une colonne d'assaut au GIGN était basée sur le binôme quand celle des Israéliens était basée sur le trinôme. Une année plus tard, nous avons constaté que les Israéliens avaient adopté notre méthode… et nous la leur, chacun pensant que l'autre avait trouvé la bonne solution ! De même, avec les Britanniques nous avions échangé leur savoir-faire dans la neutralisation de systèmes électroniques contre notre savoir-faire dans les techniques d'ouverture de portes ; ils nous ont donné leur savoir parce qu'ils avaient besoin du nôtre. Jamais ils n'auraient utilisé l'argument d'être deux pays européens face à un ennemi commun pour échanger des informations.

**Le ou les Retex peuvent-ils être soumis à la pression médiatique ?**

**J.-M. F. :** Depuis quelques années, on est soumis à une pression médiatique que nous ne connaissions pas auparavant. Je l'ai personnellement vécue notamment à l'*Hyper Cacher* de la porte de Vincennes, avec toutes ces caméras filmant en « live » notre intervention. Et il faut en tenir compte. Par exemple, à Vincennes, sachant que nos faits et gestes étaient filmés et retransmis en direct, nous n'avons pu préparer la porte arrière du magasin et mettre les explosifs qu'au dernier moment, le risque que Coulibaly nous voie était trop grand. Cela nous crée des problèmes pendant l'action mais aussi après.

Le rapport direct avec le Retex est que ce qu'il contient ne doit en aucun cas être influencé par ce qui a été vu ou entendu dans les médias ; il ne doit être analysé que par l'œil des techniciens.

**T. O. :** La pression médiatique c'est la lecture qu'en a l'extérieur qui souvent pollue l'intérieur. L'exemple le plus connu est l'assaut de l'Airbus à Marignane[2] filmé par la chaîne LCI. Images qui avaient fait le tour du monde, à la gloire du GIGN, mais qui avaient aussi, et malheureusement, dévoilé nos méthodes opératoires. Notre position vis-à-vis des médias est délicate : on veut bien que l'on parle de nos opérations mais sans en révéler tous les secrets. Surtout – ce qui n'a rien de surprenant – on ne veut pas qu'on en dise du mal... Enfin, le danger c'est le suivi de l'opération en temps réel par les chaînes d'information continue. Autre exemple très parlant, celui du *Westgate* où, là aussi, il y avait des chaînes

---

2. *Le 26 décembre 1994, l'assaut mené par une centaine de gendarmes du GIGN avait permis de libérer sains et saufs les 173 passagers et membres d'équipage du vol Air France Alger-Paris, retenus en otage par un commando islamiste de 4 hommes, qui avaient été tués. L'appareil avait été détourné depuis Alger.*

d'info continue qui couvraient l'opération. On s'aperçoit que lorsque les forces se mettent en place à Nairobi, les shebabs[3], depuis la Somalie, sur les réseaux sociaux, commentent ce qu'il se passe au Kenya ; comme tout le monde ils suivent les reportages en direct. Ils communiquent évidemment entre eux et informent les terroristes quasiment en temps réel. Inutile d'être devin pour comprendre qu'aucun effet de surprise n'est possible de la part du groupe d'intervention. Ce qui évidemment met en péril le succès de l'opération et la vie des otages. Souvenons-nous de la prise d'otages en Ossétie du Nord, dans l'école de Beslan[4], parents et médias étaient présents sur place, pratiquement dans les colonnes d'assaut, le tout s'étant soldé par un drame complet ; les médias voulant tourner des images, les parents voulant sortir les enfants empêchant le groupe d'intervention d'agir ! Les forces spéciales russes avaient été jugées inefficaces, or, si elles ont eu une responsabilité c'est d'avoir été dans l'incapacité de mettre en place un cordon sanitaire autour de l'école pour pouvoir intervenir en paix.

Difficile, aujourd'hui, de faire sans les médias. C'est un acteur qui existe, qu'on le veuille ou pas, et qu'on ne maîtrise pas. Ils sont donc une composante de notre réflexion, puisqu'ils peuvent nous enlever un de nos atouts majeurs : la surprise.

---

3. *Shebabs ou chebabs : sont ainsi nommés les membres du groupe somalien salafiste Harakat al-Chabab al-Moudjahidin, signifiant « mouvement des jeunes combattants », créé en 2006. Son objectif est l'instauration de la charia, la loi islamique, en Somalie et dans la région.*

4. *Le 1er septembre 2004, des terroristes séparatistes tchétchènes prennent en otage un millier d'enfants et d'adultes dans l'école de Beslan, en Ossétie du Nord. Après trois jours de siège, une explosion provoque un mouvement de panique des enfants, sur lesquels les preneurs d'otages tirent alors que les forces spéciales russes essaient d'intervenir, intervention jugée chaotique. La Cour européenne des droits de l'homme condamnera la Russie pour ne pas avoir pris les mesures nécessaires pour éviter le massacre en soulignant que « l'intervention a contribué à causer des victimes parmi les otages ». Selon le bilan officiel, il y a eu 334 civils tués, dont 186 enfants.*

**J.-M. F. :** L'un des mauvais aspects, ce n'est pas tant ce que font les médias mais c'est la manière dont ils influent sur nos décideurs. Un exemple : quand j'étais en train de préparer l'assaut de l'*Hyper Cacher*, j'ai eu le DGPN à plusieurs reprises au téléphone, l'entendant me dire : « Il paraît que vous allez faire ci ou que vous allez faire ça… » Quand je lui demandais où il avait eu cette information, il me répondait « qu'on en parlait sur telle ou telle chaîne d'information ! ». Je m'empressais de le rassurer, en l'assurant que je l'informerai dès que j'aurai pris une décision… Il fallait presque se justifier avant même d'avoir commencé le boulot !

Il faut malgré tout reconnaître aux médias le pouvoir qu'ils ont de faire connaître l'unité. C'est important, pas seulement pour l'unité, pour la police ou la gendarmerie, mais aussi aux citoyens qui peuvent s'estimer, à juste titre, protégés par des unités entraînées, capables de faire front. Sans parler de la notoriété au niveau international, sachant que la France est le seul pays qui possède deux unités mondialement connues, le Raid et le GIGN.

**T. O. :** Pour terminer, je voudrais rapporter une anecdote qui en dit long sur les médias. À l'époque j'étais patron de la gendarmerie de la Haute-Garonne, époque où la lutte contre les OGM était à la mode, tout comme celui qui la symbolisait ; José Bové. Une manifestation était prévue contre des champs de maïs OGM dans les environs de Toulouse. J'avais positionné un escadron le long du champ et moi je me trouvais sur une route en ligne droite, au-dessus, à 800 mètres. J'avais en tout et pour tout 5 gendarmes avec moi, en tenue de service courant. J'avais des consignes fermes du ministère, à savoir interdire la destruction des cultures. Arrive José Bové, entouré d'une meute de journalistes, qui se dirige vers moi. Je lui indique le champ et l'endroit où se trouvaient les gendarmes mobiles. Je lui dis que s'il arrive au champ jusqu'en bas, il lui faudra courir 800 mètres avant de se retrouver devant les gendarmes mobiles. Je lui indique également la présence d'un trait tracé au sol, et lui explique que s'il est franchi par qui que ce soit, lui, José Bové, responsable de la manifestation, sera placé en garde à vue. Il réfléchit et finit par me proposer de faire des images et de partir une fois qu'elles seraient tournées. Le soir, les images de 5 gendarmes – on avait l'impression qu'il y en avait beaucoup plus – repoussant 300 personnes sont diffusées au journal télévisé sur une chaîne nationale. Commentaire du reportage : « Les gendarmes repoussent avec force les manifestants qui n'ont pu accéder au site. » Voilà comment on peut faire dire ce qu'on veut à des images. Nous devons en tenir compte dans nos séances de Retex.

# TRAVAILLER ENSEMBLE AU-DELÀ DES POLÉMIQUES

**Aujourd'hui, les missions du Raid et du GIGN sont très distinctes, mais les deux unités pourraient-elles travailler ensemble, sur le terrain, en cas de besoin ?**

**T. O. :** On peut effectivement l'imaginer si un jour la situation internationale se dégradait à tel point que de nombreuses ambassades demanderaient simultanément une protection. Rien n'empêcherait alors une mutualisation des moyens du Raid et du GIGN, le GIGN qui ne peut assurer que deux missions et demie, pas plus.

**J.-M. F. :** On pourrait aussi imaginer une formation commune aux deux unités sur la protection des ambassades.

Je voudrais évoquer une autre de nos missions, communes au GIGN et au Raid, celle d'« *air marshal* » qui permet de sécuriser des avions qui assurent des lignes à risque. Des équipes du Raid ou du GIGN s'installent à bord de l'appareil, et sont susceptibles d'intervenir en cas de tentative de piratage ou de prise d'otages. C'est une mission qui par la suite s'est étendue au retour des candidats français au djihad arrêtés en Turquie, et que les Turcs nous renvoyaient. Comme ils étaient estampillés terroristes, il fallait aller les chercher et les accompagner jusqu'à l'aéroport avant d'être interpellés à leur retour en France, au bas de la passerelle, par des policiers de la DGSI.

**T. O. :** Ce sont les Américains qui ont créé cette spécialité dont l'activité sur les avions de ligne US a plus que doublé après les attentats du 11 septembre, l'idée étant d'interdire à d'éventuels pirates l'accès au cockpit. Ce sont des missions très compliquées à monter, où il faut des accords diplomatiques, sachant que l'on monte à bord des avions avec une arme, que l'on débarque dans un pays étranger avec une arme et qu'on remonte dans un autre avion avec une arme !

Il faut préciser que le Raid et le GIGN appartiennent à une sorte de collège international où des unités d'*air marshal*, chaque année, organisent des formations dédiées à ce type de mission. Et le Raid comme le GIGN, au-delà des missions, sont tenus de faire un certain nombre de vols de confirmation par an, autant pour habituer les équipages à faire monter à bord des *air marshals*, que pour habituer ces derniers à travailler dans des conditions réelles. Je me souviens qu'en 2011, nous avons ainsi assuré pendant un mois des vols d'*air marshal*, après que les services de renseignements ont eu des informations sur des vols français menacés, assurant des liaisons vers les pays du Golfe.

**T. O. :** Que l'on travaille avec des unités des forces spéciales du COS ou avec le Raid, on rencontre les mêmes contraintes d'interopérabilité, c'est-à-dire comment faire pour travailler ensemble au cours d'une même mission.

L'interopérabilité ne s'improvise pas. L'interopérabilité se prépare. Cela signifie que le GIGN et le commando Hubert[1] depuis le début des années 1980, ou des unités du COS[2]

1. *Le commando Hubert est l'un des sept commandos marine de la Marine nationale française. Ainsi nommé en mémoire d'Augustin Hubert, tué à Ouistreham, le 6 juin 1944.*
2. *Commandement des opérations spéciales.*

depuis le début des années 1990, sont interopérables, mais jusqu'à un certain niveau de granularité ; on ne va pas dire : « je mets un GIGN, un commando Hubert, un 13e RDP ». Non, généralement il y a une granularité qui a été clairement définie, et pas seulement par les Français mais aussi par les Britanniques ou les Israéliens.

L'interopérabilité c'est aussi une question de sémantique. Il est évident que si on travaille ensemble, il faut travailler avec les mêmes mots, car dans ces moments-là les mots sont plus que fondamentaux. Si on désigne une fenêtre alors qu'il y a quinze fenêtres sur la façade d'un bâtiment, il faut être sûr qu'il s'agit bien de la même fenêtre.

Le GIGN a une longue tradition d'interopérabilité, ce qui ne veut pas dire qu'il n'a pas toujours recherché l'autonomie. Jean-Michel parlait de l'option filature – nous l'appelons observation et recherche de renseignements et les militaires recherche de renseignements à fin d'action. Nous la pratiquons au GIGN car nous avons ressenti le besoin d'avoir un renseignement pour l'intervention. Soit, nous sous-traitions en prenant un prestataire, soit nous le faisions nous-mêmes, avec nos propres hommes. La recherche de plus d'efficacité opérationnelle pouvait entrainer une perte d'autonomie. Le choix a donc été fait de spécialiser des hommes et des femmes au sein du GIGN pour ces missions. Le choix a également été de les spécialiser plutôt que rechercher une polyvalence synonyme de baisse de qualité. On ne peut être excellent dans tous les domaines missionnels avec les mêmes personnes. Je suis patron du GIGN, j'ai besoin d'avoir du renseignement, donc je développe une capacité de renseignement. Et cette capacité de renseignement elle est construite pour travailler avec la capacité de l'intervention. Du coup, on offre au commandant de l'opération une chaîne complète de capacité, tout en sachant très bien que cette chaîne n'est pas absolue. Lors de la bataille d'Abidjan, l'équipe GIGN était appuyée par des hélicoptères qui tiraient des missiles Hot et au canon de 20 mm ; il est évident que ce n'est pas le GIGN qui a cette puissance de feu ! On voit bien qu'à un moment ou un autre, l'interopérabilité est quelque chose d'obligatoire. Pour le GIGN, qui veut travailler de manière autonome, on a essayé de repousser les limites de façon à offrir au patron la meilleure boîte à outils possible.

**J.-M. F. :** Le GIGN a une obligation d'interopérabilité non seulement avec la police mais aussi avec les forces armées, compte tenu de son statut militaire. C'est une différence avec le Raid qui n'a pas cette obligation ; le Raid est une unité de sécurité intérieure, ce qui ne l'empêche pas d'avoir des relations avec les forces spéciales, notamment le 1er RPIMa, le 13e RDP, mais il ne s'agit que d'échanges, pas d'opérations menées conjointement. Le Raid a une autre obligation qui est de travailler aussi avec les autres composantes de la Police nationale, en particulier les directions centrales qui ont une autonomie importante, ce qui n'est pas le cas dans la Gendarmerie nationale qui n'a pas cette construction en silos.

Bien évidemment, l'interopérabilité avec le GIGN est quelque chose de vital alors que le terrorisme peut frapper la France en même temps et en différents points du territoire national, ou mener des opérations d'envergure.

Il faut reconnaître que cette interopérabilité existait peu, avant que nous soyons l'un et l'autre à la tête de nos unités respectives. À ma prise de commandement, j'ai trouvé une unité qui n'entretenait que les rapports minimums avec le GIGN. C'est un fait que personne ne peut nier. Pourquoi existait-elle peu ? Certainement à cause d'une forte tradition, de part et d'autre, qui l'empêchait. Sans doute aussi à cause d'une menace qui n'était pas d'une ampleur telle qu'elle nécessitait une coopération très poussée entre nos deux unités. Il ne faut pas négliger non plus la personnalité des patrons qui se sont succédé à la tête du Raid, tous avec de fortes personnalités, et tous n'étant pas favorables à cette collaboration avec le GIGN. Et puis il y a eu l'affaire Mohammed Merah et un certain nombre d'attentats, d'opérations d'envergure, de prises d'otages à l'étranger qui ont changé la donne. Attentats qui avaient le même point commun : le terroriste ne se rend pas, il fait le plus de dégâts possible avec pour seul objectif de mourir en *chahid*, les armes à la main…

Quand j'arrive au Raid, quatorze mois après l'affaire Mohammed Merah, tous – politiques, ministres, spécialistes –, nous savions que ça allait recommencer, que des attentats d'envergure toucheraient à nouveau notre pays, on ne savait pas où ni quand, ni comment, mais nous étions sûrs que cela arriverait tôt ou tard et qu'il fallait s'y préparer. Il y avait une autre raison pour que nous mettions en place, Thierry et moi, cette interopérabilité : nous étions animés du même souci de servir non pas uniquement nos patrons et nos ministres, mais aussi et surtout nos concitoyens, que notre job était de montrer la plus grande efficacité, dans un laps de temps très court, face à un ou des *mass murderers* décidés à faire le plus de dégâts possible. L'idée de cette collaboration est née de ces constats. Sachant, selon le vieil adage bien connu, que l'union fait la force, nous avons commencé à imaginer cette interopérabilité, qui n'est pas tout à fait la même chose que la collaboration ou la coopération. L'interopérabilité, c'est l'enfant légitime de la coopération et de la collaboration. On a donc réfléchi aux moyens à mettre en œuvre pour être plus efficaces ensemble, si nous étions amenés à travailler ensemble, le postulat de départ étant que chacun resterait compétent dans son propre domaine géographique, selon la théorie bien précise du « menant/concourant », le menant étant le chef d'unité compétent territorialement, l'autre lui apportant son concours.

Le déclic, pour ma part, a été le *Westgate* de Nairobi[3]. Je restais persuadé que si j'avais été confronté à une prise d'otages

3. Cf. *page 16.*

de ce type-là sur notre territoire national, avec des islamistes qui tuent tout le monde dans un centre commercial, le Raid n'aurait pas eu assez d'hommes pour y mettre fin, ou en tout cas mis trop de temps pour y parvenir, temps durant lequel les victimes se seraient accumulées. Un centre commercial c'est au bas mot trois étages avec des galeries et des recoins partout, des magasins, des réserves, etc. Bref, une centaine d'hommes n'auraient pas suffi, même avec la BRI – à l'époque une cinquantaine d'hommes. Je sais qu'à l'époque, Thierry était dans le même état d'esprit.

La plupart des centres commerciaux étant en zone police, je savais que ce serait à moi, policier, de demander l'aide du GIGN. Autant le dire très rapidement et voir dans quelles conditions on pourrait s'aider les uns les autres, selon le fameux principe du « menant/concourant[4] ».

**T. O. :** Il y a un mot-clé dans cette question d'interopérabilité, le mot « volonté ». S'il n'y a pas cette volonté de la part des patrons des unités, il n'y aura pas d'interopérabilité. J'insiste bien sur ce point ; s'il n'y a pas de volonté, cela ne marchera pas. Il ne s'agit pas d'un vœu œcuménique de rapprochement, il faut que cette volonté s'appuie sur un besoin d'efficacité, soit parce qu'on n'est pas assez nombreux, soit parce qu'il y a plusieurs cibles géographiquement séparées et qu'il y a une obligation de coordination. L'interopérabilité c'est aussi quand les uns ont des moyens que les autres n'ont pas.

Cette volonté essentielle émane d'une réflexion opérationnelle. C'est ce qui avait, par exemple, poussé le GIGN, dès les années 1980, à se rapprocher des commandos marine et particulièrement du commando Hubert, puis du 13e RDP.

4. *L'unité « menante » est celle qui est territorialement compétente. En qualité de commandant de l'opération, « le menant » dispose de prérogatives pour attribuer une ou des missions aux unités placées sous sa direction pour accomplir une ou plusieurs phases de l'opération. Le responsable de l'unité « concourante » participe quant à lui, sous la direction du « menant », à l'exécution d'une ou plusieurs phases de l'opération.*

La volonté du patron doit être œcuménique. Il doit évangéliser ses troupes. Des troupes qui sont prêtes à comprendre cette interopérabilité. Mais il y a une inclinaison naturelle, pour chaque unité, à rechercher son autonomie, gage d'efficacité. Et puis le fait d'être « maître chez soi » plutôt que de faire appel à l'extérieur est intellectuellement plus rassurant.

Dans l'interopérabilité il y a deux temps : le premier est de comprendre pourquoi on a besoin de travailler avec quelqu'un. Le second est de persuader ses subordonnés, ses collaborateurs, qu'il y va de l'intérêt général et de celui de l'unité.

Jean-Michel a précisé que les plus grands centres commerciaux étaient en zone police, si demain le GIGN doit intervenir au profit du Raid, sous son commandement, cela ne me choque pas dès lors que l'on sait que le Raid comprend comment travailler avec le GIGN, et comment l'utiliser. Ce qui est vrai pour le Raid doit l'être aussi pour le GIGN ; ce que l'on fait dans un sens doit être obligatoirement fait dans l'autre. L'interopérabilité ne peut pas être quelque chose où il y a des rapports déséquilibrés.

La première interopérabilité développée au GIGN, un peu avant que j'arrive, l'a été avec le commando Hubert. C'était assez simple. Eux maîtrisaient tout ce qui était plongé et nous y initiaient, alors que nous étions plus expérimentés pour la libération des otages. C'était également assez simple avec le 13e RDP qui aime faire de l'observation à longue distance, alors que le GIGN aime bien toucher la porte de la cible sur laquelle il va travailler. Il y avait donc, dans les deux cas, une complémentarité opérationnelle.

C'était un peu plus compliqué avec le Raid pour une raison simple : nous faisions la même chose. Dans ce cas l'interopérabilité se justifie s'il y a, par exemple, un besoin de renforts. Inversement, il y a toujours la crainte, au moins chez les subordonnés, de se faire voler ses secrets opérationnels, ses modes opératoires, etc.

Quand Jean-Michel est arrivé à la tête du Raid, les gendarmes du GIGN ressentaient une frustration face à l'intérêt que Nicolas Sarkozy, président de la République, portait au Raid. Dans ces conditions, l'interopérabilité ne pouvait pas progresser, considérant que les rapports n'étaient pas des rapports à égalité. On aurait eu une coopération de façade et certainement pas une coopération opérationnelle.

**J.-M. F. :** Quand on se lance dans l'interopérabilité, en tant que chef d'unité, il ne faut pas sous-estimer son *alter ego*, ne pas se croire supérieur à lui, ne pas avoir la certitude que nos méthodes sont plus efficaces, mieux conçues. Il ne s'agit pas d'une compétition mais bien d'une collaboration. Il ne faut pas se tromper d'adversaire, nous avons un ennemi commun : le *mass murderer*, terroriste ou pas, islamiste ou autre, dont l'objectif ultime est de faire un maximum de victimes.

C'est un rôle difficile à tenir en tant que patron d'unité, à cause d'un certain nombre de vecteurs se situant au-dessus et au-dessous, et qui vont nous pousser à ne pas respecter cette égalité. Il peut s'agir de vecteurs politiques – quand un président de la République ou un ministre de l'Intérieur vont avoir un faible pour les policiers ou les gendarmes –, ou plus simplement de vecteurs provenant de nos hommes qui voient dans cette interopérabilité le risque de se faire voler des « parts de marché ». Reste au patron à utiliser tous ses talents de persuasion pour faire comprendre à tous et à tous les niveaux tous les avantages qu'il y a dans cette démarche. Face à un ennemi commun ne reculant devant rien, jusqu'au sacrifice suprême, nous ne serons jamais trop nombreux. Il faut aussi rappeler, si certains ont tendance à l'oublier, que nous faisons le même métier, que nous sommes formés pour cela, et que de travailler ensemble n'a finalement rien d'incongru !

Si j'avais eu la possibilité d'intervenir en opération avec le GIGN – je ne l'ai malheureusement pas eu –, et si on avait mis ses tireurs d'élite en place pour couvrir ma progression, j'aurais été rassuré de la même façon que s'il s'était agi des tireurs d'élite du Raid, je donne cet exemple mais il n'est évidemment pas restrictif.

Dans le même ordre d'idée, un chef d'unité ne doit pas craindre de restreindre son champ de compétence pour se consacrer à l'essentiel, là aussi il est difficile de le faire accepter par les uns et les autres. J'ai un exemple précis en tête : l'intervention dans les avions. Quand je suis arrivé à la tête du Raid, même si on s'entraînait pour ce type d'opération, force était de reconnaître que nous n'avions pas tout le matériel nécessaire, ce qui n'était pas le cas du GIGN qui s'était spécialisé dans ce type d'intervention, qui travaillait avec d'autres unités européennes, et qui indéniablement avait une avance importante par rapport au Raid. Il était donc logique de penser qu'en cas de prise d'otages dans un avion, ce serait au GIGN d'intervenir plutôt qu'au Raid ; en pleine conscience j'ai redéployé les moyens, les effectifs et les budgets que l'on consacrait à ces entraînements particuliers, sur d'autres missions prioritaires.

**Concrètement, comment s'est traduit ce souhait d'interopérabilité, cette volonté de faire collaborer Raid et GIGN sur le terrain ?**

**T. O. :** La volonté de départ que j'ai déjà évoquée passait par la place bien comprise de l'autre. Autrement dit, que pouvions-nous faire ensemble avant de penser à comment on allait le faire ensemble. Ce n'est qu'après cela, après un long processus de réflexion, que nous pourrions penser à organiser des entraînements communs. Donc il fallait répondre à cette première question : pourquoi allons-nous travailler ensemble ? Réponses : parce qu'il peut y avoir des crises simultanées qui nécessitent plus d'effectifs, parce qu'il y en a une autre qui réclame plus de technicité que maîtrise l'une ou l'autre des unités, etc. C'était donc la définition du besoin.

Après venait la définition des règles de commandement. Qui devait commander du chef du GIGN ou du chef du Raid ? Règles d'abord dictées par la géographie, on l'a dit tout à l'heure, c'est-à-dire les zones de compétence. Il n'y avait donc de ce point de vue-là aucun problème. Il y a quelques cas où la primauté, hors les zones de compétence, reviendra à l'une ou l'autre des unités en raison de ses compétences ou de l'histoire. Exemples : l'ex-Areva, Orano, aujourd'hui, c'est le Raid, et sur EDF ou les avions, c'est le GIGN. Là non plus, il n'y a pas l'ombre d'un doute. La responsabilité du commandement de l'opération ne se pose donc pas. En revanche se pose la question de savoir comment nous allons travailler quand l'un est sous les ordres de l'autre. Plus précisément, comment je commande quelqu'un qui n'est pas de mon unité. Est-ce que je lui donne une mission en considérant qu'il est assez grand pour la mener à bien, où est-ce que je pilote carrément la mission ? Ainsi que je l'ai déjà précisé, dans une colonne d'assaut, on ne peut pas mettre deux Raid, deux BRI, deux GIGN et deux 1er RPIMa ! Ça ne marche pas. La granularité minimale est estimée, unanimement et par des unités étrangères de premier plan, à dix.

**Y a-t-il eu ou y a-t-il des entraînements communs Raid/ GIGN ?**

**T. O. :** Bien sûr, nous nous sommes entraînés en commun, on a même fait des exercices en commun, sur des attaques de TGV à Bruxelles. En fait, la police belge qui n'a pas nos moyens (Raid + GIGN) en nombre s'était rendue à cette évidence qu'en cas d'attaque contre un TGV, elle ne serait pas en mesure, seule, de la traiter. Il fallait donc qu'elle fasse appel à des pays étrangers, la France en l'occurrence. D'ailleurs, les liens avec l'unité belge sont très étroits et anciens.

**Vous avez dû évidemment en tirer des enseignements…**

**J.-M. F. :** Quand on a une stratégie et des tactiques au sein d'une unité et qu'on se frotte à une autre unité dans le cadre d'un exercice ou d'un entraînement communs, l'une et l'autre sont obligées de s'adapter, soit en utilisant la spécificité de l'autre, soit en partageant la sienne, l'objectif étant de s'améliorer, de pouvoir travailler le plus efficacement possible ensemble.

L'entraînement a cet avantage de nous confronter les uns aux autres, de confronter nos techniques respectives, y compris celles que nous utilisons depuis des années. L'autre unité peut très bien remettre en cause un certain nombre de réflexes ou de mode opératoires professionnels, en démontrant que sa technique est plus efficace. Ce qui peut créer des problèmes de commandement entre ceux qui n'y voient pas d'inconvénients et se remettent en cause assez facilement et ceux qui renâclent presque systématiquement. Ce qui finalement est une réaction à laquelle on peut s'attendre quand on sort les gens de leur zone de confort.

En ce qui concerne le TGV, en Belgique, nous avons pu constater que nos méthodes étaient assez proches, sachant qu'il n'y a pas trente-six façons d'intervenir dans un train. Personnellement, je pars du principe, techniquement et tactiquement, qu'il n'y a rien de fondamentalement différent ; les équipements, les process et les tactiques sont quasi similaires. La seule chose qui peut « coincer » c'est l'aspect humain, que les gars ne s'entendent pas, ce qui peut faire capoter une opération bien plus qu'une différence tactique.

Il faut aussi parler de la négociation qui est commune aux deux unités et qui existe depuis très longtemps. C'est un secteur d'excellence français où la technicité des négociateurs et négociatrices du GIGN et celle du Raid sont très proches. Le summum de l'interopérabilité dans ce domaine entre les deux unités, c'est lorsqu'il y a une crise à l'étranger et que la cellule de crise du MAE prend la responsabilité d'envoyer sur place une équipe mixte de négociateurs GIGN/Raid. Cela fonctionne très bien et depuis très longtemps. Il y a régulièrement des exercices communs sur des cas concrets. De même, il y a des entraînements communs avec les maîtres-chiens, en particulier dans le cadre de la sécurisation des déplacements présidentiels. Dans ce cas précisément, on a mis en place un nouveau protocole en se partageant les missions de manière égalitaire.

Pour revenir à l'interopérabilité, on en a parlé très tôt avec Thierry, fin 2013-début 2014, en commençant par exemple par le « baptême terrain ». On s'est alors rendu compte que les mêmes mots ne désignaient pas forcément les mêmes choses. Par exemple, quand on désigne des fenêtres sur la façade d'un immeuble, si une des unités le fait dans le sens des aiguilles d'une montre et l'autre dans le sens contraire, on tombera forcément sur des fenêtres différentes. Or, on s'est rendu compte que le Raid et le GIGN n'utilisaient pas le même sens, ce qui en terme opérationnel peut évidemment poser des problèmes ! Il me semble même que nous, le Raid, avions repris le baptême terrain du GIGN. Ce qui n'a pas été facile, car chaque concession faite, même minime, est une concession que le chef de l'unité doit argumenter et défendre devant ses hommes, ce qui parfois peut donner lieu à d'interminables palabres…

Ensuite, on a parlé de ce que Thierry appelle la granularité. On s'est effectivement posé la question de savoir si dans la colonne d'assaut il était important d'avoir deux hommes du Raid, deux du GIGN, avant de conclure que ce n'était pas la bonne façon de procéder. Tout le monde était d'accord sur ce point, estimant que cela risquait de casser la cohésion de l'équipe, on n'a pas les mêmes réflexes, etc. En revanche, on s'est posé la question de savoir à quel niveau on pouvait instaurer cette granularité. Par exemple, une équipe de snipers du Raid peut-elle protéger la progression de la colonne d'assaut du GIGN, et *vice versa* ? Sur ce point, il était clair qu'on pouvait effectivement l'envisager. Se posait alors une nouvelle question : comment allaient-ils travailler ? Les snipers du Raid seraient-ils sous les ordres directs du GIGN ou sous les ordres du patron du Raid ? Bref, notre objectif était de travailler sur la logique de l'intervention, sur ce côté pratique que ne peuvent connaître que ceux qui savent de quoi il retourne.

**T. O. :** Je me rends compte que cette question de l'interopérabilité entre le Raid et le GIGN ne tient, à ce moment-là, qu'à deux personnes, Jean-Michel et moi-même. Personne d'autre ! Il faut en avoir conscience. Ce que je veux dire, c'est qu'avant Jean-Michel c'était impossible. La deuxième chose, c'est qu'il n'y a jamais eu de contrainte politique ou hiérarchique pour nous contraindre à l'interopérabilité. Jamais le ministre ou les deux directeurs généraux ne nous ont convoqués dans leurs bureaux en tapant du poing sur la table pour nous obliger à être interopérables. Les DG évitaient avant tout de se faire remonter les bretelles par le ministre ou son directeur de cabinet parce qu'il y avait un problème entre le Raid et le GIGN ! Le leitmotiv c'était plutôt : « Faites ce que vous voulez, faites pour le mieux pour que tout se passe sans problème, je ne veux pas d'emm… » Il y a toujours des sources de friction entre les deux directions générales, ils ne voulaient pas en rajouter une autre.

Enfin, je veux insister sur ce point : cette interopérabilité est née de l'intérêt général à travailler ensemble, fruit de notre réflexion face aux modes opératoires des terroristes islamistes, ainsi que nous l'avions constaté dans les grandes crises internationales, estimant que cela arriverait chez nous tôt ou tard. On a déjà parlé de *Westgate* au Kenya, mais il y avait eu aussi l'attaque et la prise d'otages par Aqmi[5]

5. *Al-Qaida au Maghreb islamique.*

du site gazier BP-Sonatrach, près d'In Amenas, en Algérie, en janvier 2013, attaque qui s'était soldée par la mort de 40 employés de 10 nationalités, et 29 djihadistes.

J'avais été frappé d'une chose de la part des services de renseignements français : il n'y avait eu aucune analyse sur le mode opératoire de ces attaques. Aucune ne nous était remontée ! Personnellement, en tant que commandant du GIGN, commandant d'un groupe d'intervention susceptible de devoir faire face à ce type d'opération, j'ai demandé des informations sur la façon dont tout cela s'était passé, comment les terroristes étaient rentrés dans les bâtiments, y avait-il eu une manœuvre de diversion, des actes anticipatoires, quel était leur armement, etc. Les services de renseignements sont bons pour désigner de quelle mouvance islamiste il s'agit et de ses soutiens, mais aucun service ne nous a renseignés sur le mode opératoire qui pourtant va être la matière sur laquelle va travailler l'unité d'intervention. Prenons l'exemple des Allemands : quand il y a eu *Westgate*, ils ont envoyé une équipe du GSG 9 au Kenya. Nous, nos informations sont remontées des services algériens, parce que nous avions de bonnes relations avec l'unité d'intervention algérienne intervenue sur le site gazier. Et c'est parce que nous avons eu ces informations que nous avons commencé à envisager notre interopérabilité entre unités d'intervention nationale. J'ajouterai que nous l'avons perçu et initié avant même que le politique ne le pense. Et c'est nous, personne d'autre, qui avons « évangélisé » les responsables politiques et hiérarchiques. On n'a pas à s'en glorifier, mais il faut bien percevoir que jamais personne n'est venu voir Jean-Michel ou moi, en nous disant qu'il fallait être interopérables compte tenu de la situation internationale.

**Cette interopérabilité concerne-t-elle aussi ceux que l'on appelle les « primo-intervenants », c'est-à-dire la patrouille de police ou de gendarmerie ou la BAC qui serait, par sa**

**proximité, immédiatement sur les lieux d'un attentat en attendant l'arrivée d'une unité d'intervention ?**

**T. O. :** Cette règle du primo-intervenant a été parfaitement identifiée et conceptualisée par le patron des forces spéciales britanniques. Il avait expliqué que les policiers de la sécurité publique arrivant les premiers sur les lieux d'une attaque faisaient immédiatement cesser le massacre, et les forces spéciales venaient ensuite régler le problème. On savait que lorsque le premier intervenant arrive sur les lieux d'une attaque, les terroristes arrêtent le massacre et se retournent contre les forces de l'ordre. C'est Mumbai[6] qui nous avait mis la puce à l'oreille. Pour faire diversion, les terroristes avaient pris des otages en différents endroits avant de mener une opération complexe et de grande envergure, avec une partie logistique et d'infiltration depuis un pays étranger, une opération planifiée à l'avance avec des attaques de diversion pour désorienter les responsables indiens – comme ils le feront au *Bataclan*, sept ans plus tard. Ils avaient cessé de tuer des otages au moment où les premiers policiers étaient arrivés. Or, ceux-ci, il est important de le noter, n'étaient pas armés. Ils n'avaient que des bâtons. Quand on analyse le mode opératoire des terroristes, on perçoit tout de suite que leur attitude change à l'arrivée des premiers policiers. L'importance du primo-intervenant était évidente. Autrement dit, l'importance du délai d'intervention avait été déterminante, non pour régler la crise mais pour arrêter le massacre. Autant d'éléments que

6. *Du 26 au 29 novembre 2008, une série d'attaques coordonnées est lancée à Mumbai (ex-Bombay), sur cinq sites principaux, par des membres du groupe salafiste pakistanais Lashkar-e-Taiba. C'est un tournant dans les opérations terroristes. En effet, cette opération terroriste a consisté à attaquer de manière coordonnée une multitude de sites très fréquentés et très vulnérables, avec plusieurs équipes réduites, équipées de fusils d'assaut et d'explosifs. L'objectif est de causer un maximum de victimes, et à complexifier l'action des forces de sécurité par une multiplication des zones d'action. Cela permet également de faire durer au maximum les attentats afin d'obtenir un large impact médiatique. Ce mode opératoire sera repris par les affidés de Daesh, à Paris, le 13 novembre 2015.*

seules les unités d'intervention pouvaient analyser. Si à notre niveau on n'analyse pas tout cela, si on ne commence pas à influer d'abord sur nos modes opératoires, puis sur notre administration centrale en lui conseillant de changer les modèles d'intervention du primo-intervenant, on ne fait pas notre boulot correctement.

**Il faut donc entraîner les forces de police traditionnelles pour ce type d'intervention ?**

**T. O. :** C'est d'abord une doctrine qui consiste à dire : « Maintenant, vous n'attendez pas que la cavalerie arrive. Dès qu'il y a un gros problème comme ça, vous allez au charbon, c'est votre boulot ! »

**J.-M. F. :** Rendons à César ce qui appartient à César. C'est nous, Thierry et moi-même, qui avons imposé, dès janvier 2014, ce primo-intervenant ; cela a été suffisamment long et difficile pour que je me prive de le rappeler ! Cela a finalement été couché officiellement sur le papier avec le Schéma national d'intervention (SNI), un an et demi après. Au départ, personne n'en voulait de ce primo-intervenants. Personnellement, quand j'ai défendu cette idée au cours de diverses réunions des chefs de la Police nationale, quand j'ai dit qu'il faudrait que nos collègues gardiens de la paix arrivent sur le terrain et ouvrent le feu s'ils étaient confrontés à un tueur de masse, on m'a pris pour un fou ! Je me souviens de la réaction du numéro 2 de l'IGPN[7], s'insurgeant contre cette idée en me rappelant que cela faisait quarante ans qu'on essayait de faire en sorte que les policiers utilisent moins leur arme et que moi j'arrivais en leur conseillant d'ouvrir le feu sur les terroristes. « Ce n'est pas leur rôle, avait-il ajouté, c'est le vôtre ! » Avec la violence des attentats du 13 novembre 2015, le massacre du *Bataclan*, dès lors que cette réalité s'est imposée

7. *Inspection générale de la Police nationale.*

dans toute son horreur, plus personne n'a osé remettre en cause l'utilité incontournable des primo-intervenants, le politique s'en est même revendiqué, ce qui en soi est tout à fait normal.

Aujourd'hui, on voit bien que les primo-intervenants règlent la majeure partie des actes terroristes, je pense notamment à l'attaque au couteau de ce Tchétchène, à l'Opéra de Paris, qui parvient à tuer un passant et en a blessé quatre autres avant d'être abattu par des policiers. Combien y aurait-il eu de victimes supplémentaires si les policiers de patrouille n'étaient pas intervenus ? Ce n'est pas le seul exemple…

Je me souviens que nos prédécesseurs, avec l'UCoFI[8], avaient tenté d'établir un protocole basé sur l'entraide entre unités, dans le cadre du menant et du concourant, je dis « avaient tenté » car cela n'avait pas fonctionné. Avec Thierry, nous l'avions relancé, pour aboutir à la signature de ce protocole. C'était une étape importante. Plus tard, en 2016, il y a eu une publicité faite autour du « nouveau schéma d'intervention », mais qui n'était ni plus ni moins que le résultat des accords que nous avions passés entre le Raid et le GIGN du temps où nous les commandions Thierry et moi.

**T. O. :** Je voulais simplement rappeler qu'après Mumbai, en 2011, nous avions eu un autre aperçu de ce qu'il pouvait nous arriver. Je veux parler du massacre perpétré par le militant d'extrême droite, Anders Breivik, en Norvège, à Oslo et sur l'île d'Utoeya, le 22 juillet 2011. S'est-il inspiré de ce qui se pratiquait ailleurs ? Je n'en sais rien. Toujours est-il qu'il commet d'abord des attentats à la bombe dans le quartier gouvernemental d'Oslo. Les forces de sécurité se polarisent sur ce quartier. Pendant ce temps-là, Breivik prend sa voiture

8. *L'Unité de coordination des forces d'intervention (GIGN, Raid, BRI, GIPN, groupes de pelotons mobiles [GPM] et pelotons d'intervention de 2e génération de la gendarmerie [PI2G]) a été créée par le ministère de l'Intérieur le 1er juin 2010 pour donner plus de cohérence, de transparence et d'efficience aux unités d'intervention.*

et file vers Utoeya, à une quarantaine de kilomètres, où se tient un rassemblement de la jeunesse du parti travailliste, environ 600 garçons et filles, pour la plupart âgés de 14 à 18 ans. Arrivé sur place, il a traversé tranquillement un bras de mer de 800 mètres pour atteindre l'île, et a commencé le massacre : 76 jeunes gens seront tués !

La police norvégienne, dans un premier temps, a du mal à faire le lien entre les premiers appels reçus d'Utoeya et les attentats d'Oslo. Quand ils réalisent, ou commencent à réaliser, qu'il se passe quelque chose de beaucoup plus grave à Utoeya, et qu'il y a peut-être un lien entre les deux affaires, ils décident d'y envoyer leur unité d'intervention. Problème, arrivés devant le bras de mer, ils apprennent que l'hélicoptère d'alerte norvégien est en panne. Pas de possibilité donc d'héliporter des policiers et encore moins des forces spéciales sur l'île ! Il faut néanmoins qu'ils traversent. Mais la police n'a pas de bateaux. Ils décident d'emprunter les bateaux locaux, mais finalement préfèrent attendre l'arrivée de l'unité d'intervention. Cela va prendre quarante minutes. Quarante minutes durant lesquelles Breivik va tuer 76 personnes… Une toutes les quarante-cinq secondes ! Dès que le premier policier des forces spéciales met le pied sur l'île et se retrouve face au terroriste, celui-ci pose son arme à terre. On a donc pu mesurer en temps, le nombre de morts supplémentaires causées par la décision des primo-intervenants de ne pas intervenir tout de suite.

Il devenait évident que la notion d'espace-temps était fondamentale dans l'arrêt du massacre. Il fallait réfléchir, sachant que le GIGN comme le Raid, quels que soient nos efforts, ne se déplaceront jamais à la vitesse de la lumière ! Imaginons même qu'il existe des antennes Raid et GIGN partout en France, on ne peut pas faire l'économie d'engager des primo-intervenants. Lorsque Gérard Collomb, alors ministre de l'Intérieur, lors de l'attaque au couteau à l'Opéra de Paris, déclare : « Nous sommes intervenus en six minutes », il avait parfaitement intégré ce qu'on avait démontré avec

Jean-Michel : l'importance de l'engagement du primo-intervenant qui fait stopper une tuerie en cours.

Cette notion-là n'était pas inscrite dans les gènes de la police et de la gendarmerie qui, au contraire, avaient cette tradition d'attendre la « cavalerie ».

**J.-M. F. :** Thierry et moi on y croyait beaucoup, car notre job – j'insiste beaucoup là-dessus – c'est de faire stopper les massacres le plus vite possible, et non pas de protéger nos unités en leur donnant des « parts de marché » au péril de la vie de nos concitoyens. Et effectivement, des « parts de marché », on en a perdu quelques-unes. Peu importe puisqu'il y a eu des interventions de primo-intervenants extrêmement rapides. Finalement, ce sont les faits qui ont convaincu ceux qui nous regardaient d'un drôle d'œil. Je le rappelle, dès 2014, j'ai envoyé le numéro 2 du Raid, Éric Heip, dans toutes les DDSP[9] pour développer cette notion du primo-intervenant alors que notre administration n'y était pas prête. Après le *Bataclan*, la raison et le pragmatisme ont heureusement repris leurs droits.

**C'est donc à partir de ce moment-là qu'il a fallu entraîner ces policiers primo-intervenants...**

**J.-M. F. :** Qu'il a fallu entraîner mais aussi protéger, équiper, notamment de fusils G36 – le même que celui en dotation au Raid –, alors que je n'y étais pas favorable ; c'est une arme difficile à manier, d'autant qu'il y a d'autres armes d'épaule plus simples et efficaces. Pour le Raid, on a pu constater le résultat de cette nouvelle doctrine, lors de l'assassinat du père Hamel, dans son église de Saint-Étienne-du-Rouvray, près de Rouen, en 2016[10]. Dans ce secteur, le

9. *Direction départementale de la sécurité publique.*

10. *Le 26 juillet, deux islamistes assassinent en égorgeant et poignardant le père Jacques Hamel, un prêtre de l'église Saint-Étienne de Saint-Étienne-du-Rouvray, près de Rouen,*

Raid avait formé une partie de la Bac et une partie de la BRI. Quand nous apprenons cette agression, nous partons immédiatement vers Saint-Étienne-du-Rouvray. Nous partons sur les chapeaux de roues, et c'est peu que de le dire ! Chemin faisant, le DGPN me transmettait les informations qu'il recevait, en me demandant régulièrement où nous en étions. À un moment – nous étions encore à une vingtaine de minutes de Saint-Étienne-du-Rouvray, il me dit d'accélérer car le prêtre a été égorgé ainsi probablement qu'une autre personne. Ne pouvant nous déplacer à la vitesse de la lumière, comme l'a si justement rappelé Thierry, je propose alors au DGPN de faire intervenir les hommes de la BRI et de la BAC que nous avons formés et qui peuvent travailler ensemble. Ils seront sur place rapidement et neutraliseront les deux islamistes, évitant ainsi une tuerie de plus grande ampleur.

Quand nous sommes arrivés, après l'assaut, on était bien dans cette collaboration équipe de primo-intervenants et unité d'intervention spécialisée, collaboration qui avait bien fonctionné.

**T. O. :** Tout cela pour dire aussi que, contrairement à ce que beaucoup de gens peuvent imaginer, il y a une vraie capacité de réflexion et d'analyse de la menace et de la façon dont on va y répondre. Tout ce qui a été imaginé a été inspiré de faits qui se sont déroulés à l'étranger. Donc il faut faire de la récolte d'informations, soit auprès des unités d'intervention qui se sont rendues sur place, soit par le truchement d'un rapport parlementaire comme ce fut le cas pour Mumbai. À chaque fois, quelle que soit la source de l'information, il faut faire sa récolte, tout analyser pour en tirer des conclusions et modifier, améliorer nos interventions en fonction de la menace avec toujours ce même objectif, cette même

---

*et blessent grièvement un paroissien de 86 ans. Les assaillants retiennent trois autres fidèles en otage avant d'être abattus par les forces de l'ordre. L'acte sera revendiqué par Daesh.*

obsession : limiter les dégâts, sauver des vies. J'ai eu la chance d'avoir à mes côtés un officier qui se consacrait à cela et qui était un analyste remarquable.

N'en déplaisent à nos détracteurs, les unités d'intervention ne sont pas composées de bêtes de guerre, de chair à canon, de brutes épaisses avec un gilet pare-balles et coiffées d'un casque, tout juste capables de mettre un coup de pied dans une porte pour l'ouvrir !

Pour clore ce chapitre sur l'interopérabilité, chacun aura compris que pour unité d'intervention, ce n'est pas quelque chose de naturelle. Ces unités ont dans leur ADN, la volonté de travailler de manière autonome. S'il y a interopérabilité c'est qu'il y a un besoin. S'il y a un besoin, il faut qu'il y ait une volonté, et la volonté c'est d'abord celle des patrons. Si les chefs ne veulent pas, rien ne se fera. Personne au-dessus ne leur dira de travailler ensemble. Et cela ne viendra pas non plus du dessous pour les raisons que je viens d'expliquer ; les « gardiens du temple » penseront toujours qu'il vaut mieux travailler de manière autonome, qu'accepter l'interopérabilité c'est accepter de perdre un peu de son âme.

**J.-M. F. :** Des patrons qui se retrouvent souvent seuls, ne pouvant attendre aucun soutien ni du dessus ni du dessous !

**Savez-vous ce qu'il s'est passé entre le Raid et le GIGN depuis votre départ ? L'interopérabilité est-elle toujours d'actualité ?**

**T. O. :** Il m'est difficile de répondre, n'étant plus à la tête du GIGN. Néanmoins, il me semble que la problématique de mon ancienne unité est aujourd'hui de bien définir ses relations avec ses propres antennes disséminées sur tout le territoire. On en revient à ce même problème de l'espace-temps. Une équation, pour l'unité d'intervention nationale qui n'est pas simple à résoudre…

**J.-M. F. :** Il m'est aussi difficile de répondre pour les mêmes raisons. Cependant, il me semble qu'on est toujours dans un système qui dépend de la bonne volonté des hommes, alors qu'il devrait être organisé de façon à perdurer sans être sujet aux variations dues au changement de patrons. De Gaulle disait que « l'action, ce sont les hommes au milieu des circonstances ». Nous, Thierry et moi, on se rejoignait en tant qu'hommes sur la manière de penser l'intervention au bénéfice de nos concitoyens pour éviter le plus de victimes possible, je ne doute évidemment pas qu'il en soit de même pour mes successeurs. Mais il faut reconnaître que nous avons vécu une période exceptionnelle qui nous a permis d'évoluer contre vents et marées, en se frottant à nos administrations respectives.

Oui, il est difficile de répondre à cette question car ce que nous avons fait avec Thierry, puis avec son successeur, le général Hubert Bonneau, n'a pas été « institutionnalisé ». Ce qui est anormal. Cela ne devrait pas dépendre « que » des hommes, de leur bon vouloir ou de leur mauvaise volonté.

**Vous parliez des « vecteurs politiques », le moins qu'on puisse dire c'est que les décideurs, selon leur couleur politique, ou selon leurs affinités, entretiennent cette rivalité entre policiers et gendarmes…**

**J.-M. F. :** Historiquement, il est vrai que cette rivalité a été entretenue. Pour simplifier on a tendance à dire que les gendarmes sont privilégiés quand la gauche est au pouvoir, et que les policiers le sont quand c'est la droite qui gouverne. C'est un raisonnement un peu simpliste ! Cela dit, il faut reconnaître qu'il n'y a pas eu de travail de fond de nos institutions pour gommer cette adversité qui ne produit jamais rien de bon. Il y a un mauvais calcul de la part des dirigeants de la police ou de la gendarmerie – je le vois régulièrement en tant que député – qui consiste à dire « on va s'appuyer sur le politique pour obtenir ceci ou cela ». C'est une démarche qui se fait malheureusement toujours au détriment de l'autre.

**T. O. :** Cette rivalité existe, mais elle est surestimée par « l'extérieur » – les rivalités au sein même de la police sont bien plus importantes ! Il faut préciser que cette rivalité est historiquement antérieure au rattachement de la gendarmerie au ministère de l'Intérieur[11]. Depuis, il y a eu beaucoup plus de lectures comparatives par le politique de la police et de la gendarmerie. C'est-à-dire qu'auparavant, les gens qui étaient aux manettes de l'Intérieur, avaient la gendarmerie à disposition sans pouvoir décider des moyens budgétaires ou humains ; ils en avaient juste l'usage. Aujourd'hui, je pense que tout ministre de l'Intérieur mesure à leur juste valeur les forces et les faiblesses de la gendarmerie et de la police.

Que les politiques aient de temps en temps joué sur des cordes sensibles, c'est certain, mais c'est dans leur nature de le faire, sans peut-être mesurer la répercussion que cela peut avoir dans les rangs de nos deux institutions ; cela revient à dire « j'aime un de mes enfants plus que l'autre ». Cela peut être évidemment très mal ressenti.

Personnellement, je ne l'ai pas ressenti aussi clairement, même quand Nicolas Sarkozy était à l'Élysée. Je me souviens qu'il avait dit, lors d'un conseil de défense – propos qui m'ont été rapportés –, qu'il savait ce qu'il pourrait faire du GIGN quand la République serait en danger. Cela dit, émotionnellement, on ne pouvait pas ignorer ce qu'il avait vécu dans la maternelle de Neuilly avec le Raid.

---

11. *Depuis 2009, la Gendarmerie nationale est rattachée au ministère de l'Intérieur, aux côtés de la Police nationale et de la Sécurité civile. Placée sous l'autorité budgétaire et opérationnelle de ce ministère, elle conserve néanmoins son statut militaire.*

**Ce qui n'a pas empêché une polémique lors de l'attentat au *Bataclan*…**

**J.-M. F. :** Comme vous le savez, j'étais au *Bataclan*. Je peux vous assurer qu'il n'y avait pas l'once d'un problème quelconque entre le Raid et le GIGN commandé à l'époque par le successeur de Thierry, le colonel Hubert Bonneau. La problématique était différente entre la BRI et le Raid. Je rappelle qu'à l'*Hyper Cacher* de Vincennes, le ministre de l'Intérieur, Bernard Cazeneuve, avait déclenché la FIPN, donnant le commandement des deux unités au chef du Raid, créant ainsi une coordination entre les deux unités, alors que le GIGN, lui, intervenait à Dammartin-en-Goële. Au *Bataclan*, pour une raison que j'ignore encore aujourd'hui, la FIPN n'a pas été déclenchée. Que la BRI et le Raid soient intervenus au *Bataclan*, et pas le GIGN, n'a rien de scandaleux ou d'anormal, puisque nous étions dans une zone de compétence police. En outre, nos effectifs sur place étaient largement suffisants.

Sur la polémique qui a suivi, que ce soit entre la BRI et le Raid ou avec les gendarmes, cela confirme ce que nous disons avec Thierry sur l'impérieuse nécessité pour les chefs d'unité de convaincre leurs collaborateurs sur les avantages de l'interopérabilité ! De leur faire comprendre, de les persuader, je le répète, qu'il y a des manières d'intervenir différentes, qu'il y a des territoires sur lesquels on peut travailler en commun et d'autres pas. Et au *Bataclan*, nous étions, nous policiers, assez nombreux. Encore une fois, il n'y a rien de scandaleux à ce que le GIGN ait été en réserve, au cas où justement il se passerait quelque chose d'autre ailleurs, et où nous n'aurions pas pu intervenir car nous étions au *Bataclan*.

**T. O. :** Il faut avoir une réflexion logique dans cette histoire. S'il faut le répéter, répétons-le : il existe des zones de compétence. C'est la loi, c'est le droit, qui dictent la façon de procéder, pas un gendarme du GIGN ou un policier du Raid. L'un ou l'autre n'a pas à intervenir dans la zone de compétence du voisin autrement qu'à sa demande. En respectant la loi, on évite toute discussion, toute polémique. Et c'est du temps de gagné pour tout le monde. Il n'y a donc pas, il ne doit pas y avoir, de réelle concurrence. Dire : le GIGN interviendra au *Bataclan*, c'est impossible. Dire : le Raid interviendra dans une centrale nucléaire, c'est impossible. Toutes ces polémiques sont souvent, voire toujours, des questions d'ego qui ne devraient pas avoir lieu d'être !

**J.-M. F. :** Personnellement, je souhaite revenir sur cet article du *Canard enchaîné*, ou plus exactement sur cette lettre signée par des gendarmes anonymes du GIGN, publiée par ce journal, et mettant en cause leur patron, le colonel Hubert Bonneau[12].

À chaque fois qu'il y a eu des critiques d'une unité sur l'autre, ces critiques n'émanaient jamais des patrons ou de ceux qui faisaient partie du staff de ces unités. Elles venaient soit des anciens, des « sachants » ne sachant plus grand-chose, car depuis leur départ les choses avaient beaucoup changé, soit des gens qui « grenouillent » autour des opérateurs, et qui vont porter la mauvaise parole et le vent mauvais en expliquant doctement que telle ou telle unité « n'aurait pas dû » intervenir de cette façon-là, aurait dû faire ci ou ça et

12. *Dans ce courrier révélé par le* Canard enchaîné, *en juillet 2016, signé « l'Esprit de l'Inter » – du nom de la force d'intervention du GIGN qui regroupe une centaine de gendarmes sur les 380 que compte le groupe –, et adressé au directeur général de la Gendarmerie nationale, plusieurs gendarmes critiquaient vertement leur patron de l'époque, le colonel Hubert Bonneau, notamment son attitude le soir du 13 novembre 2015, jour de l'attentat au* Bataclan *: « C'est un traumatisme pour nous tous », écrivaient-ils. Le « traumatisme » étant d'être restés sans intervenir, de 23 h 06 à 2 h 45, le 13 novembre, à la caserne de la garde républicaine des Célestins près de la place de la Bastille, à environ un kilomètre à vol d'oiseau du* Bataclan. *« Nous avons honte de lui et de nous, écrivaient-ils encore. Ce soir du 13 novembre, le colonel Bonneau a tout simplement oublié d'être gendarme (…) alors que nous étions 40 opérationnels (…) prêts à mener un assaut, prêts à faire cesser la tuerie (…) Pour les familles des victimes, une telle attitude est tout simplement criminelle. »*

qui vont « balancer » aux médias des informations déformées, amplifiées ou tout simplement fausses.

Il y a aussi au sein de nos unités, à tous les niveaux, des gens qui sont toxiques, jaloux de tout et plus particulièrement de l'unité qui est en face. Et leurs critiques font le bonheur de nos détracteurs respectifs en retombant immanquablement sur la tête des patrons. C'est le cas de l'affaire du *Bataclan* avec cette lettre de gendarmes anonymes, alors qu'il n'y avait aucune raison, encore une fois, que le GIGN intervienne au *Bataclan*. En revanche, il était judicieux qu'il se rapproche de la capitale, qu'il se mette en réserve dans une caserne au cas où un autre attentat aurait eu lieu, et c'est ce qu'il a fait. Je rappelle que cette nuit-là, il n'y avait pas que le *Bataclan*, des attentats ont eu lieu aussi au Stade de France et aux terrasses de cafés. Nous étions dans un scénario que nous avions étudié avec Thierry, c'est-à-dire une multitude d'attentats à des endroits différents. Nous avions donc besoin de toutes les forces, et il n'y avait rien de plus normal que le GIGN se rapproche. Que certains, au sein du GIGN, interprètent le fait de se rapprocher comme une logique d'intervention était une erreur d'appréciation de leur part. Mais tout cela a pris une ampleur phénoménale. L'abcès a grossi jusqu'à cette lettre calomnieuse contre Hubert Bonneau. Il ne faut surtout pas croire que ce genre d'attaque puisse être bénéfique pour le chef de l'autre unité. C'est tout le contraire. C'est contre-productif. C'est l'ensemble de la structure qui en a pâti.

**T. O. :** Je n'ai pas vécu cet épisode directement, n'étant plus à l'époque chef du GIGN. Cependant, je veux revenir sur ce que dit Jean-Michel, quand il remarque que quand un patron est attaqué, ce n'est jamais au bénéfice de l'autre. Je voudrais juste rappeler que, dès le lendemain de l'affaire Merah à Toulouse, j'ai écrit une lettre à Amaury de Hauteclocque, alors patron du Raid. Lettre de soutien diffusée dans la presse, au moment où des gens se tenaient prêts à « tailler des croupières » au Raid au sujet de cette opération qui s'était soldée par la mort du terroriste. Comme Jean-Michel, je crois qu'il y a des moments où il faut être dans la solidarité, étant dans une profession où nous savons que l'art est difficile…

# AU CŒUR DE L'INTERVENTION

**Quels sont les fondamentaux d'une opération, les règles tactiques auxquelles des unités comme le GIGN ou le Raid doivent toujours répondre ?**

**T. O. :** Une opération c'est un affrontement. Que ce soit dans le domaine sportif, militaire ou policier, l'affrontement consiste à prendre l'ascendant sur l'autre. Pour Clausewitz c'était « imposer sa volonté à l'autre ». Pour atteindre ce but, prendre l'ascendant ou imposer sa volonté, il n'y a pas trente-six méthodes, il n'y en a que deux : la force ou la surprise.

On dit depuis le départ que le GIGN et le Raid sont des unités chirurgicales. Pour qu'elles le soient, et pour autant que la situation le permette, on préférera toujours la souplesse à la force.

Ce qui permet la souplesse ou la surprise, c'est d'abord la vitesse ou/et la diversion. La vitesse s'est illustrée maintes fois dans l'histoire, que ce soit avec la campagne menant la Grande Armée de Boulogne-sur-Mer jusqu'à Austerlitz – créant ainsi la surprise et permettant à l'Empereur, malgré son infériorité numérique, de battre les forces austro-russes –, ou la percée allemande de 1940, si rapide qu'elle prend l'ascendant sur l'adversaire.

La diversion, elle, consiste à tromper l'adversaire. Une des plus célèbres dans l'histoire militaire est la bataille de Cannes, où les forces carthaginoises d'Hannibal sont en infériorité numérique face aux Romains. Grâce à la fameuse manœuvre, je fais « céder mon centre pour rabattre les ailes » et prendre mon adversaire en tenailles. Manœuvre maintes fois reprises dans l'histoire. Ce n'est donc pas parce qu'une unité va utiliser la surprise qu'elle ne travaille pas en puissance. Il faut opposer le travail en surprise et puissance au travail en force. Parfois, on n'a pas le choix. Plus on veut travailler en souplesse, plus cela demande du temps, car l'élaboration de ce qu'on va faire dépend de notre connaissance, de ce que fait l'adversaire, du renseignement que l'on a collecté. Chacun est dans la maîtrise de son espace-temps, et va chercher à conserver sa capacité d'initiative, en souhaitant l'avoir la plus grande possible, tout en diminuant l'espace-temps de son adversaire. C'est donc un bras de fer durant lequel on peut être appelé à vouloir gagner de l'espace et/ou du temps. L'espace pour mieux manœuvrer, le temps pour mieux comprendre son adversaire et agir plus en souplesse. Ces deux notions sont essentielles dans l'élaboration de notre travail.

On voit bien, jusqu'aux attentats du type *Bataclan*, que les groupes d'intervention avaient le temps ; on se posait, on réfléchissait, on élaborait, etc. Puis notre adversaire a bien compris que le temps jouait forcément contre lui, donc lui aussi a cherché à diminuer le temps de l'action ; c'est en cela que la menace a évolué. Plus on diminue le temps, plus on contraint son adversaire à travailler en force.

Ce qui fait la différence entre des unités d'intervention dans le monde, c'est leur capacité à pouvoir travailler le plus possible, et le plus tard possible, en souplesse plutôt qu'en force. Mais travailler en souplesse, tout en gardant de la puissance. La puissance est différente de la force. Travailler en force, ce n'est pas ce qu'il y a de plus compliqué !

Ce qu'on demande à des unités comme le GIGN ou le Raid, c'est de neutraliser l'adversaire dans le cadre qui est le nôtre, c'est-à-dire un cadre défini par la loi. Neutraliser, cela signifie mettre hors d'état de nuire, soit en capturant l'adversaire à la main, soit en le blessant, soit en le tuant. Dans un État de droit, on cherchera toujours à utiliser la première méthode. Résumons : puisque nos groupes d'intervention sont des unités chirurgicales, puisque le but est de sauver l'otage, puisqu'il nous faut neutraliser l'adversaire, cela rend chaque opération plus complexe et nous oblige à travailler en souplesse. Et l'un des secrets de la souplesse, c'est le renseignement. Ces fondements de la tactique n'ont pas changé depuis la nuit des temps ; ce qui était vrai chez Sun Tzu, chez Hannibal ou César l'était aussi chez Napoléon ou Guderian. La seule chose qui ait changé, ce sont les modes opératoires grâce aux nouveaux équipements : avant on ne voyait pas la nuit, on avait des fusils de précision de moins longue portée, aujourd'hui on a des armes qui ne font pas de bruit, on peut faire de la captation d'images de jour comme de nuit à très longue distance, etc.

**J.-M. F. :** Je voudrais encore rappeler que les contraintes du Raid ne sont pas celles d'une unité sur un théâtre d'opération militaire à l'étranger. Comme l'a dit Thierry, nous sommes tenus à respecter la loi, c'est-à-dire le code de procédure pénale et le code pénal. Nous travaillons toujours, soit sous les ordres d'un magistrat, soit sous l'autorité d'un préfet en rétablissement de l'ordre.

Dans le cadre de la souplesse évoquée par Thierry, qui me semble être la chose la plus importante, il faut préciser que nous cherchons à l'utiliser, en tout premier lieu, dans 90 % des cas.

Quand il s'agit d'une opération à la demande d'un service enquêteur pour effectuer une interpellation, tôt le matin, la façon de procéder est toujours la même, il faut aller vite :

on casse la porte, on pénètre dans les lieux et on interpelle aussi vite que possible le délinquant ou le terroriste, on joue en général sur l'effet de surprise et de sidération. Tout cela demande au préalable de disposer des bonnes informations, des bons renseignements, à commencer par la configuration des lieux. Ce moment-là, précisément celui où l'on va pénétrer dans les lieux, est sans doute l'étape la plus difficile. Je le répète, il faut aller vite et surprendre pour l'empêcher de réagir. Dans les trois quarts des cas, on y arrive, si tant est que l'ouverture de la porte fonctionne bien. Il arrive parfois que cela ne fonctionne pas, comme à Saint-Denis, le 18 novembre 2015, quand on a voulu pénétrer dans l'appartement où s'étaient réfugiés les auteurs des attentats survenus cinq jours plus tôt à Paris, notamment au *Bataclan*, et aux abords du Stade de France.

En ce qui concerne les opérations contre les preneurs d'otages ou les forcenés, les groupes d'intervention sont, comme nous le disions au début de ce livre, l'*ultima ratio*[1], lorsque tous les recours pacifiques et diplomatiques ont été épuisés et qu'il ne reste plus aucune autre solution que la force. Mais, dans ces affaires-là, c'est toujours la souplesse qui est d'abord utilisée, la souplesse que permet la négociation dont le but est de ramener à la raison, si possible et selon son état psychologique, le forcené ou le preneur d'otages. Cependant, le temps de la négociation nous permet de nous préparer à utiliser la force en cas d'échec. L'autre situation, nous en avons déjà parlé, est celle qui ne nous laisse d'autre choix qu'une intervention rapide et en force, type Mohammed Merah ou *Hyper Cacher*. La difficulté étant de reconnaître aussi rapidement que possible à qui on a affaire afin de prendre la bonne décision. Ce n'est pas si simple. Là aussi, tout est une question de renseignements. Il

1. *La locution latine est précisément* ultima ratio regum, *qui signifie littéralement « [la force est] le dernier argument des rois ».*

arrive, parfois, que le radicalisme n'est qu'un prétexte pour des déséquilibrés, qui peuvent commettre des meurtres au cri d'*Allah akbar*.

**T. O. :** Pour revenir sur les règles que j'ai évoquées un peu plus haut, je précise que ce sont les règles qui définissent toute la construction et toute la stratégie du GIGN ; c'est parce qu'on veut travailler en souplesse qu'on a développé un certain mode de recrutement, certaines formations, certains équipements, etc. Tout tourne autour de ça. C'est l'ADN du groupe d'intervention.

**Quel est le déroulé d'une intervention depuis le départ de la caserne jusqu'à l'issue finale ?**

**T. O. :** Parlons d'une situation où les forces territoriales sont confrontées à un problème qu'elles n'arrivent pas à régler, soit parce qu'elles sont face à un délinquant, un criminel ou un terroriste trop dangereux ou trop technique pour elles, et il faut l'intervention du GIGN. Il faut bien comprendre qu'entre le moment où ces forces territoriales découvrent le problème, l'analysent et essaient de le régler et le moment où elles vont appeler l'unité d'intervention, il s'écoule un certain temps. Je précise tout cela pour bien appuyer sur cette évidence qu'un groupe d'intervention intervient toujours avec un « délai retard » ; la situation a commencé sans nous, et ce temps perdu on ne le rattrapera jamais. Dès lors, l'objectif est de ne pas perdre plus de temps. Et du temps on peut toujours en perdre plus, si un certain nombre de choses n'ont pas été faites avant notre arrivée, par exemple tout simplement avoir le plan des lieux. Ce n'est pas en arrivant qu'on va se poser la question de savoir si quelqu'un a les plans de la maison. Mieux vaut les avoir étudiés pendant le trajet ! Il y a donc un certain nombre de choses faites à distance pour préparer l'arrivée du groupe et élaborer la réflexion, raison pour laquelle le GIGN doit échanger avec le commandement territorial et prendre la main sur l'opération avant d'arriver sur place.

Il y a une dizaine d'années, le GIGN avait développé des négociateurs régionaux, sachant qu'on ne s'improvise pas négociateur. Chacun son job. La règle est immuable : celui qui commande ne négocie pas, et celui qui négocie ne commande pas. À ce sujet j'ai une anecdote survenue lors d'une prise d'otages suite à une mutinerie dans une des deux prisons de l'île de Ré. Quand nous sommes arrivés, le préfet était déjà sur place et pensait pouvoir négocier avec les mutins, ce que je lui ai déconseillé en lui demandant de nous laisser faire, que nous avions des gens dont c'était le métier, que le « chef » ne doit jamais négocier car il n'a aucun recul, aucune marge de manœuvre, ni capacité d'initiative. Le préfet a tout de même voulu m'accompagner jusqu'à la grille derrière laquelle se trouvait le meneur, sorte de colosse menaçant que peu de choses devaient effrayer. « Bonjour, dit le préfet, je viens négocier avec vous. » Le colosse le regarde et lui répond : « Toi, avec ton petit costard, tu t'en vas ! On parle qu'avec les hommes en bleu ! » Le préfet a fait demi-tour en comprenant son erreur. La négociation commençait bien, pour nous évidemment !

Dès le début de l'opération, notre rôle est donc de conseiller l'autorité et les forces de l'ordre présentes, de les guider dans les informations dont nous avons besoin et qu'ils peuvent recueillir, en l'occurrence les plans de la prison, d'en faire un schéma, de préciser où se trouve le forcené, dans telle ou telle pièce, seul ou avec des complices, etc.

Pendant ce temps, le GIGN est mis en alerte. L'équipe de première alerte doit être partie de la caserne en vingt minutes – c'est la même chose pour les antennes régionales. Pendant le déplacement, comme nous avons la chance aujourd'hui d'avoir des téléphones portables et donc de recevoir de l'information, il est possible de commencer à élaborer l'opération.

Au GIGN, contrairement au Raid, il n'y a pas un commandant des opérations mais un chef de mission qui a généralement avec lui sa section d'alerte. Sa mission, dès son arrivée sur le terrain, c'est de faire une reconnaissance. C'est le point fondamental. Si on ne peut pas la faire, il y a de fortes chances qu'on travaille plus en force qu'en souplesse. Dans le même temps, on commence à placer les opérateurs, par exemple ceux chargés de l'appui dont l'un des rôles est de faire du renseignement. Ce n'est qu'après que débute la réflexion – toujours collégiale au GIGN –, la reconnaissance ayant permis à chacun d'évaluer la situation. Un plan est élaboré, puis la tactique est arrêtée par le chef de mission. Parallèlement, un plan d'assaut d'urgence a été prévu au cas où la situation se dégrade. C'est ce que nous appelons une solution dégradée.

Si la situation le permet, nous allons chercher à gagner du temps en collectant le plus de renseignements possible. L'objectif, je le répète, étant toujours de travailler en souplesse. C'est la phase de la négociation, un outil parmi d'autres dont dispose le commandant de l'opération…

**J.-M. F. :** J'interromps Thierry pour rappeler qu'au Raid il y a effectivement un état-major qui a été réactivé par mon prédécesseur, Amaury de Hauteclocque, après les attentats de Mumbai dont nous avons déjà parlé. Cet état-major a été renforcé avec une mobilisation H24, pour gérer les interventions du Raid, mais aussi des GIPN qui sont maintenant des antennes du Raid.

Quand il y a une saisine émanant d'un service de sécurité publique – comme l'a précisé Thierry, je ne parle donc pas des interpellations à l'heure du laitier qui, elles, sont programmées –, cette saisine arrive en même temps sur le bureau de l'état-major de la Direction générale de la Police nationale et sur celui de l'état-major du Raid qui examine la situation et met en préalerte le Raid central ou l'antenne concernée. Puis on se penche sur le cas qui nous est soumis. Il y a des demandes que nous ne satisfaisons pas, par exemple quand il s'agit d'un forcené qui veut se suicider, on n'envoie pas le Raid. En effet, il a été prouvé à maintes reprises qu'envoyer une équipe lourde se solde souvent par un passage à l'acte. *A contrario*, quand il s'agit d'une affaire plus délicate, on envoie des équipes avant même d'avoir reçu l'autorisation administrative de la part de notre direction générale, toujours pour la même raison : gagner du temps. On préfère se déplacer quitte à faire demi-tour si l'affaire trouve une issue avant notre arrivée, mais dans trois quarts des cas il s'agit d'une affaire sérieuse. Dans le même temps, sur le trajet, le patron du Raid ou son adjoint avisent la Direction générale de la Police nationale qu'ils prennent en charge cette affaire après expertise, et demandent le feu vert. Personnellement, je n'ai pas d'exemple où la DGPN aurait refusé son autorisation au Raid.

Je dois également préciser qu'à l'état-major, trois hommes sont également de permanence : un officier précurseur, un négociateur et un chauffeur qui est aussi un technicien. Si la situation l'exige, ces trois hommes sont envoyés sur place en attendant l'arrivée du gros de la troupe. Leur rôle est de prendre contact physique avec les autorités locales, de s'assurer que les premières diligences ont bien été prises (coupures d'électricité, de gaz, réserver les places de stationnement du convoi qui va arriver – à savoir une vingtaine de véhicules ! –, établir un périmètre de sécurité, etc.). Ce ne sont pas des détails ; chacun de ces points est fondamental pour la réussite de l'intervention. C'est donc le rôle du précurseur, assisté du technicien et du négociateur qui collecte de l'information sur le forcené, de faire en sorte que les opérateurs, à leur arrivée, n'aient à se préoccuper que de l'opérationnel, de la tactique, à y consacrer toute leur énergie.

Tous les renseignements collectés en amont vont ensuite être affinés, confirmés ou infirmés. Par exemple, les endroits où vont être placés les tireurs d'élite qui, je le rappelle, ont aussi et surtout un rôle d'observateurs très important.

En tête de convoi se trouvent le patron du Raid, le commandant des opérations et le « deuxième » de négociation (on l'appelle aussi le « souffleur » pour son rôle de conseil de son collègue au contact), souvent dans le même véhicule, juste derrière eux, dans la colonne d'assaut, dirigée par un autre adjoint du patron du Raid, on trouve les groupes d'intervention déjà équipés en « lourd », l'équipe effraction, celle des techniciens puis les maîtres-chiens. Le tout suivi, en toute fin de convoi, par les véhicules blindés, les PVP (petits véhicules protégés).

Arrivée sur place, la colonne prend ses positions, notamment les snipers, ainsi que les PC. « Les », car au Raid il y a trois postes de commandement : le PC opérationnel qui abrite les hommes chargés de préparer l'opération ainsi que le chef des médecins, sous le contrôle du « commandant des opérations » ; le PC négociation, où le négociateur numéro un assisté de son « souffleur », aidés d'une psychologue, échangent leurs informations et décident de la conduite à tenir avec le PC négociation, où les négociateurs aidés d'une psychologue échangent leurs informations et décident de la conduite à tenir avec le forcené ; et enfin le PC autorité, qui n'est pas vraiment un poste de commandement, mais un endroit où sont rassemblés les représentants de l'autorité – préfet, patron de la DDSP (police locale), de la gendarmerie locale ou encore des pompiers – qu'il va falloir informer. On prend soin d'écarter tous ces gens du PC opérationnel afin d'éviter qu'ils polluent notre organisation, qu'ils interfèrent ou cherchent à interférer dans nos décisions. Je vous renvoie à l'histoire que nous a relatée Thierry au sujet du comportement de son préfet lors de la mutinerie à la prison de l'île de Ré.

Le rôle du patron du Raid est de faire la navette entre le PC opérationnel et le PC autorité pour tenir au courant les personnalités, les « abreuver » d'informations d'abord pour les rassurer mais aussi pour qu'ils ne cherchent pas à en obtenir par ailleurs. Les tenir informés c'est aussi les préparer à un éventuel assaut, à une éventuelle solution de force. S'ils connaissent bien la situation, ils acceptent cette solution, comprenant bien qu'il n'y a pas d'autre issue, jusqu'à cette phrase que connaissent tous les chefs du Raid : « Sauf avis contraire de votre part nous allons donner l'assaut dans tant de minutes. » Et l'avis contraire on ne l'a jamais, en tout cas pas à ma connaissance. L'étape suivante, comme je l'ai déjà dit, c'est le passage délicat de la porte…

Sur cette difficulté à maintenir la distance entre le groupe d'intervention et les autorités, je peux me référer à Magnanville. Quand je suis arrivé, le périmètre avait bien été mis en place et nos officiers étaient à la tâche dans le PC opérationnel. Dans le PC autorité se trouvaient le DGPN, le préfet et le procureur ; ils étaient à leur place, isolés des opérationnels du Raid. Malheureusement, ils ont fini par se déplacer et se rapprocher du PC opérationnel. C'est devenu invivable, à tel point que j'ai demandé aux pompiers de déplacer la tente qui était censée abriter le DGPN et le procureur. Malgré cela, dix minutes après ils étaient de retour au PC opérationnel. Difficile de discuter dans ces conditions avec nos mots de policiers, de notre stratégie, sans devoir à chaque fois s'expliquer.

Au début, le terroriste venait jusqu'au Velux et discutait à « la voix », c'est-à-dire sans le filtre du téléphone, avec la négociatrice du Raid. Quand je suis arrivé, cette relation directe avait cessé. Tout se faisait au téléphone. J'ai demandé à la négociatrice de tenter de le reprendre à la voix pour qu'il vienne au Velux d'où les tireurs pouvaient le neutraliser. Je rappelle qu'il avait déjà tué un commandant de police et retenait, pensait-on, deux otages – en fait uniquement l'enfant du couple. Il avait aussi tué la mère dès le début, mais nous ne le savions pas encore. Évidemment, je m'en ouvre naturellement à haute voix à mon adjoint et à la négociatrice, sans me préoccuper du DGPN, du préfet et du procureur. Aussitôt, les deux premiers s'émeuvent de cette stratégie qui n'était encore qu'une option. Le procureur prend alors la parole, voyant l'embarras des deux préfets face à l'hypothèse d'une solution radicale : « Je sais, dit-il, qu'il s'agit d'une opération d'ordre public, mais là, visiblement, j'ai le cadavre d'un policier qui s'est fait poignarder sur la voie publique. Je prends donc l'affaire en compte. Monsieur le chef du Raid, faites comme vous avez dit. » Heureusement qu'il était là pour prendre une décision ! Malheureusement, le terroriste n'est pas revenu au Velux. Je voulais rappeler cette anecdote pour que l'on comprenne combien il peut être difficile de travailler devant des autorités qui, de toute évidence, n'auraient pas su prendre une décision face à une situation complexe, c'est compréhensible car les informations des policiers intervenants étaient livrées sans le filtre que le patron d'unité exerce, il manquait à cet instant le « polissage » que le chef peut apporter pour emporter l'adhésion des décideurs. Dans cet exemple précis c'est le procureur de la République qui a été le plus à même de comprendre la nécessité du plan d'action proposé, et c'est lui qui a sauvé la situation en prenant une décision forte.

**T. O. :** Pour le GIGN, le déroulé est à peu près similaire. J'avais commencé en parlant du GIGN « central », il est évident qu'aujourd'hui avec les antennes GIGN, il y a un chef d'état-major des opérations qui reçoit les appels, les demandes d'aide qui sont, comme au Raid, examinées avant d'être transmises au directeur général de la gendarmerie ou au directeur des opérations qui sont les seuls à pouvoir décider de l'engagement du GIGN. Il peut arriver que l'unité centrale, pour des raisons « politiques » ou « médiatiques », soit engagée sur une opération qu'aurait très bien pu mener une antenne régionale. De même que le Raid s'appuie sur la sécurité publique, le GIGN ne peut faire abstraction des structures territoriales présentes avant, pendant et après le problème. Une précision : l'arrivée du GIGN sur place dégage la responsabilité du territorial. Autrement dit, la responsabilité de l'opération est désormais entre les mains du commandant du détachement du GIGN.

La préparation du terrain, telle que l'a décrite Jean-Michel, tous ces détails à régler, est effectivement très importante. Je vous donne un exemple qui illustre parfaitement ce qu'il ne faut pas faire quand l'unité arrive sur place. Il s'agit d'une affaire concernant un forcené, un ancien légionnaire du 2e Rep qui avait tué sa femme et l'amant de sa femme quand ils étaient revenus chercher des affaires dans la maison. Cet ex-légionnaire savait très bien se servir d'une arme. Quand on arrive dans le village, il est 3 heures du matin, les moteurs au ralenti, dans un silence presque parfait. Je descends de la voiture et demande aux gendarmes locaux où se trouve la maison du forcené. À ma grande surprise, ils me l'indiquent du menton ; nous nous trouvions juste devant ! Évidemment, c'était raté pour l'effet de surprise et la distance de sécurité... Autre exemple, toujours sur notre fameuse mutinerie de l'île de Ré. Après avoir atterri à La Rochelle, on traverse le pont puis on arrive devant la prison. L'endroit était désert, sans un mouvement, paisible, là où nous aurions dû découvrir du monde, de l'agitation... Je sors de mon véhicule et je frappe à la porte de l'établissement. Un surveillant à moitié endormi finit par m'ouvrir la porte. Je lui dis : « On est là...

— Vous êtes là ?

— Eh bien oui, pour la mutinerie... La prise d'otages...

— Ah non, ce n'est pas ici, c'est à l'autre prison ! »

Ces deux exemples démontrent combien il est important de s'entretenir avec les échelons territoriaux desquels on attend beaucoup en matière d'informations et de renseignements.

De même qu'au Raid, nous ne mêlons jamais les autorités à la « cuisine interne ». Elles n'ont pas à s'ingérer dans nos décisions. En revanche, dès que nous arrivons sur place, nous allons voir le préfet et le procureur, toujours présents lors d'une intervention, et nous les informons que le plan d'assaut d'urgence pourrait être déclenché dans telle ou telle configuration, s'il y a rupture des négociations ou si le forcené s'en prend à son ou ses otages. Pendant ce temps, le dispositif a été installé et les négociateurs sont en place. C'est à ce moment-là qu'on élabore une solution en cherchant à mêler, comme je l'ai dit plus haut, la surprise et la puissance. Dès que la solution est arrêtée, nous passons au briefing. On explique comment le « film » va se dérouler, comment l'histoire va se dérouler, où vont se positionner chaque groupe et sous-groupe. Le but de ce briefing est que tout le monde ait immédiatement une compréhension exacte du dispositif global. Chacun doit être à sa place quand arrivera le moment crucial qui est le « top action », qu'on appelle le TOT (*Time On Target*), le temps zéro où tout se déclenche. C'est ce sur quoi j'ai particulièrement travaillé pendant mon commandement. Je trouvais, en effet, que le GIGN avec le temps, avec son histoire et son expérience, avait pris trop de lenteur dans cette phase préliminaire. On avait pris l'habitude d'avoir un gros état-major, on avait pris l'habitude de prendre son temps. Résultat, dans le cas d'une opération importante et complexe pour arriver au « top action », nous prenions beaucoup trop de temps. Il fallait donc redonner de la vitesse au groupe d'assaut en rendant les structures plus réactives, à gagner du temps dans ces boucles de décisions.

**J.-M. F. :** Concernant cette lenteur dans des unités qui, au contraire, doivent agir dans la rapidité, j'ai un exemple précis. C'était à la veille de l'assaut contre l'*Hyper Cacher*. Nous étions à Villers-Cotterêts, en secteur gendarmerie, où l'on savait que rôdaient les frères Kouachi. La gendarmerie tenait le périmètre, le GIGN et la FIPN que je commandais – le Raid plus la BRI – se partageaient deux secteurs. Nous étions en concourant du GIGN, c'était donc le patron du GIGN, Hubert Bonneau, qui me donnait mes objectifs, à savoir le ratissage de zones boisées, ce qui était une nouveauté pour des unités urbaines comme les nôtres. Mais nous avions aussi des habitations à contrôler, notamment une, aux alentours de 18 h 30. Nous attendions le « top » du magistrat qui est arrivé vers 19 heures. Quand j'ai donné l'ordre d'y aller, j'ai vu mes gars se mettre en briefing, chacun en fonction de leur spécialité, les tireurs d'un côté, l'effraction d'un autre, avant un briefing général, puis la vérification du matériel… Cela prenait un temps fou ! Sous la forme d'une plaisanterie, j'ai alors dit à mon chef d'état-major : « Est-ce que tout le monde est au courant qu'après 21 heures, on ne sera plus dans l'heure légale ? » Tout le monde a ri en rappelant qu'il n'était que 19 heures. Finalement, nous sommes intervenus à 20 h 40 ! Et encore sans les tireurs d'élite qui étaient encore en briefing et qu'en désespoir de cause j'avais renoncé à emmener. Heureusement, il n'y avait rien dans cette maison. C'est l'un des défauts de ces unités-là qui travaillent en spécialité, en silo, avec des briefings qui n'en finissent pas. On a fini par abréger ces circuits-là et gagner en rapidité.

**Est-ce qu'une unité d'intervention, d'une manière générale, dès que l'alerte est donnée, se met en route facilement ?**

**J.-M. F. :** Je dirais qu'il y a toujours un moment de latence, comme un athlète a besoin d'un échauffement pour éviter le claquage avant de se lancer sur la piste, avant de retrouver ses automatismes, ses réflexes. L'objectif du patron, encore une fois, est de réduire ce temps-là, plus ou moins long selon la réactivité de chacun. C'est un défi qui se présente lors de chaque intervention. Mais tout revient dans l'ordre, toujours. Il y a des choses qu'on sait, qu'on a apprises, répétées mille et une fois, mais cela n'empêche pas l'aléatoire que l'on finit toujours par gérer grâce à une formation et un entraînement de hauts niveaux. Finalement, il en est d'un groupe d'intervention comme de toutes les activités humaines. Je pourrais prendre l'exemple de la Covid 19 et les querelles entre ces épidémiologistes de renommée internationale, de grands experts, qui ont semblé cafouiller, surpris par l'ampleur de la pandémie.

Au Raid, le patron aussi s'appuie sur ses experts, et son rôle est de réduire dans le temps cette bulle d'incertitude toujours présente au départ d'une alerte. Après, les choses se mettent en ordre. Le fait d'avoir des réflexes opérationnels y aide beaucoup.

L'autre incertitude sur laquelle je veux appuyer, c'est ce que j'appelle le « passage de porte », l'ouverture vers l'inconnu, vers un univers dangereux. Chacun dans sa vie d'homme ou de femme a connu plusieurs fois ce « passage de porte », cet instant où l'on quitte une situation de sécurité pour basculer vers le danger de l'inconnu. Au Raid, ce seuil à franchir est très pragmatique, c'est techniquement et psychologiquement un moment très particulier. Nous savons que nous allons plonger dans un univers hostile et devoir faire preuve d'initiative et que nos réflexes vont nous y aider. Parfois, la surprise est telle, le spectacle auquel on est confronté est un tel choc, qu'il vous impacte durant une vie entière, je pense bien sûr au *Bataclan*, à l'inimaginable… Malgré tout il faut agir, maîtriser aussi vite que possible ce monde que nous découvrons au fur et à mesure de notre progression. Si ce passage de porte est difficile psychologiquement, il l'est aussi techniquement. Je reviens sur ces portes qui résistent pour une raison ou une autre, comme à Saint-Denis. C'est à ce moment-là aussi que le risque est maximum pour les opérateurs en tête de colonne, qu'il peut y avoir des blessés ou des tués.

**On n'a pas encore parlé de l'aspect médical, aujourd'hui partie intégrante de la colonne d'assaut…**

**J.-M. F. :** Oui, nos deux unités ont des médecins dans leurs effectifs. Des médecins proches de l'action, proches du danger, évidemment pour secourir immédiatement le ou les blessés, et il est donc équipé comme tous les autres policiers, la seule différence est qu'il ne porte pas d'arme.

Le médecin doit gérer l'urgence dans le feu de l'action mais aussi les évacuations avec les pompiers ou les urgences hospitalières locales. Il existe un protocole qui fonctionne parfaitement et qui à maintes reprises a permis de sauver des vies. Prenons l'exemple de l'*Hyper Cacher* de Vincennes : entre le moment où le premier policier est blessé et le moment où il est sur la table d'opération, il ne s'est pas écoulé plus de vingt minutes, ce qui est une prouesse inimaginable mais rendu possible par la préparation de l'événement par tout notre staff médical en relation avec leurs collègues hospitaliers ! Durant mon temps de commandement, cette équipe de médecins était placée sous l'autorité du Dr Matthieu Langlois, à l'origine de la doctrine médicale d'intervention sous le feu, utilisée par le Raid.

**T. O. :** Puisque Jean-Michel a abordé la présence des médecins dans nos unités, je dois préciser que les équipes médicales, composées de médecins et d'infirmiers militaires, sont affectées au GIGN. Ils ont une formation d'urgentistes. Et le GIGN, pour l'alerte une, c'est-à-dire la première équipe qui doit partir en vingt minutes, n'a pas le droit de partir si l'équipe médicale n'est pas là. Je précise aussi que ce personnel médical s'entraîne exactement comme les autres hommes du

GIGN. Quand on fait un assaut mer, ils sont dans les bateaux, quand on fait un héliportage, ils font du rappel ou une corde lisse, etc. Contrairement à leurs collègues du Raid, ils sont armés – ce sont des militaires –, mais leur arme sert uniquement en autodéfense.

Laissez-moi vous raconter une histoire qui illustre parfaitement ce qu'est un médecin au sein d'une unité d'intervention, une histoire, selon moi, qui est l'une des plus marquantes qui puisse exister.

C'était à Ouvéa[2], il y avait un jeune officier entré en même temps que moi au GIGN. Pendant l'assaut contre la grotte, il a pris une balle de 5,56 mm dans la tête. Immédiatement, il a porté sa main sur la blessure et vu qu'il y avait du sang. Les gens qui sont autour comprennent tout de suite la gravité de la situation. Je resitue la scène : nous sommes dans la jungle, il pleut, il y a beaucoup de boue, les indépendantistes nous tirent dessus à l'arme de guerre retranchés à moins de cinquante mètres dans des fortins faits de troncs d'arbres. Malgré tout, le médecin militaire est arrivé en rampant jusqu'au lieutenant et l'a fait allonger sur un poncho. Sa réflexion a été rapide : « si je n'interviens pas, il va mourir ». Le premier danger était qu'un caillot se forme dans le crâne et appuie sur le cerveau entraînant la mort à coup sûr. Le toubib était équipé d'une petite perceuse et, toujours sous le feu, a fait trois trous dans la tête du lieutenant pour aider le sang à en sortir et éviter qu'il n'exerce une trop grande pression sur le cerveau ! Je précise qu'il l'avait tout de même endormi au préalable… Puis l'officier a été traîné vers l'arrière et évacué par hélicoptère à Nouméa, d'où un appareil de l'aéronavale a décollé pour l'Australie en volant à une trentaine de mètres au-dessus de la mer pour éviter, là encore, qu'une trop grande pression ne s'exerce sur la boîte crânienne. Aujourd'hui, à ma connaissance, cet

2. Cf. *page 19.*

officier n'a aucune séquelle et a même commandé une unité de haute montagne à Chamonix !

Voilà à quoi peut servir un médecin au beau milieu d'une intervention, sous le feu et dans des conditions extrêmes…

**Parlons maintenant de la négociation. Tout le monde en a entendu parler, des livres ont même été écrits sur le sujet ; à croire que le négociateur, ou la négociatrice, est un personnage qui fascine les médias…**

**T. O. :** Une précision, d'entrée de jeu : dans ce domaine il y a la culture anglo-saxonne et la culture française. La culture française, totalement partagée par le Raid et le GIGN, considère la négociation comme un outil. Elle est intégrée à l'unité d'intervention. Si l'on se penche sur nos collègues américains, on constate qu'ils disposent d'unités de négociateurs. Certains films illustrent bien cette situation, où l'on voit s'opposer le négociateur « intello » à la brute épaisse de l'unité d'intervention qui n'a qu'une envie : rentrer dans le tas sans faire de quartier ! En France, cette opposition entre l'intervention et la négociation n'existe pas.

Le négociateur n'est ni plus ni moins qu'un outil dans la préparation de l'opération. Le premier but de la négociation, le plus œcuménique, c'est d'espérer arriver à une reddition par la parole. Cela arrive dans beaucoup de cas. Cela signifie que ces négociateurs doivent maîtriser les profils psychologiques, et l'une des premières choses qu'ils font c'est de se renseigner sur le profil médical du forcené. Au GIGN, le négociateur reçoit une formation en trois temps. Premier temps : négociateur de contact. Ce n'est qu'après cette formation qu'il a le droit d'aller derrière la porte et de traiter un forcené. Une fois, et une fois seulement, qu'il a validé un certain nombre de négociations de contact en opération, le négociateur peut alors préparer les négociations de deuxième niveau : prises d'otages, demandes de rançon, etc. Arrive le troisième niveau : c'est un niveau d'expertise, comme les négociations à l'étranger ; l'affaire du *Ponant*[3] pris en otage par les pirates somaliens en est un exemple. Pour obtenir le troisième niveau, outre l'expérience opérationnelle acquise, il faut également passer un diplôme universitaire spécialisé en psychologie.

Ces négociateurs sont donc des gens tous issus de l'intervention, formés et spécialisés. La négociation comme l'intervention, c'est un vrai métier dans le métier. Si le but premier du négociateur est la reddition, il est avant tout une source de renseignements. Le meilleur exemple, c'est Marignane[4] où les négociateurs étaient en contact avec le chef des terroristes. On savait qu'il voulait le plein des réservoirs pour redécoller et aller s'écraser sur Paris. Il parlait par radio, depuis le cockpit. Et les tireurs voyaient bien dans leurs lunettes ce qu'il se passait dans ce cockpit. On a donc rapidement compris que le meilleur moment pour donner l'assaut, ce serait après une liaison entre le négociateur et le chef des terroristes, quand il expliquait à ses complices ce que venait de lui dire le négociateur.

Enfin, dernière chose, c'est la possibilité « d'acheter du temps » grâce à la négociation. Plus on négocie plus on gagne du temps. Or, on a dit que plus on avait de temps, plus on pouvait être souple et chirurgical. C'est important. Et aujourd'hui, on se rend compte que les terroristes, eux aussi, ont besoin d'acheter du temps. On sait, dès le début des négociations, qu'il n'y aura pas de reddition. Lui, le terroriste, veut seulement faire durer son opération pour occuper un spectre médiatique. Il faut savoir que les commanditaires de

3. *En 2008, dans le golfe d'Aden, des pirates somaliens arraisonnent le* Ponant, *un voilier trois-mâts de croisière de la compagnie du Ponant battant pavillon français, et prennent les passagers en otage qui seront libérés sept jours plus tard après le versement d'une rançon. Une partie des pirates sera appréhendée en territoire somalien lors d'une opération héliportée montée par la France. Une partie de la rançon sera également récupérée.*
4. Cf. *page 56.*

ces terroristes essaient de ne pas les mettre en situation de négociation, connaissant très bien leur fragilité psychologique. Reprenons comme exemple l'affaire de *Westgate* au cours de laquelle les négociateurs kenyans sont arrivés plusieurs fois, pratiquement à faire vaciller les terroristes. Mais à chaque fois, il y avait une reprise en main, à distance, par les shebabs qui faisaient tout pour empêcher leur reddition.

**Donc, du point de vue du terroriste, la négociation peut permettre de rallonger le temps pour alourdir le nombre de victimes…**

**T. O. :** Le temps, effectivement, des deux côtés est perçu de la même façon. Au GIGN, comme au Raid probablement, il y a toujours un négociateur qui négocie, et un autre qui l'assiste afin d'éviter une éventuelle « stockholmisation ». Je rappelle que le syndrome de Stockholm a été identifié par les psychologues et les psychanalystes dans les années 1970, lors d'une prise d'otages dans une banque à Stockholm, filmée dans son intégralité par les premières caméras de vidéosurveillance. Pour comprendre ce qu'il s'est passé il faudrait regarder *Un après-midi de chien*[5] avec Al Pacino. Le syndrome de Stockholm, c'est lorsque les otages commencent à croire qu'ils sont moins en danger avec le ou les preneurs d'otages qu'avec les forces de l'ordre quand elles rentreront dans le bâtiment. Dans ce cas-là, les otages obéissent au preneur d'otages et pas aux forces de l'ordre. Si les policiers disent « tout le monde à plat ventre » et le preneur d'otages « tout le monde debout », les gens vont se mettre debout. Bien sûr, ce syndrome ne peut apparaître que si le preneur d'otages n'a commis aucun sévice physique. Inversement, ce syndrome peut aussi toucher

5. Un après-midi de chien *est un film de Sidney Lumet sorti en 1975 qui raconte les négociations entre la police de New York et deux braqueurs assiégés dans une banque avec leurs otages. La foule qui observe, et certains otages prennent le parti des braqueurs, victimes pour les premiers du syndrome de Stockholm.*

le preneur d'otages. Dans ce cas la probabilité qu'il attente à la vie des otages diminue. Le négociateur va donc tenter d'inhiber le syndrome de Stockholm au preneur d'otages. J'en reviens maintenant à ma première remarque : si le négociateur pense qu'il peut obtenir une reddition et que le commandant de l'opération décide de lancer l'assaut, il peut penser que ce n'est pas opportun. Dès lors, même si son professionnalisme n'est pas à remettre en cause, attention au timbre de sa voix qui peut le trahir, le preneur d'otages peut deviner qu'il se passe quelque chose. C'est ce à quoi doit veiller le second négociateur. Je précise que même s'il connaît bien le mécanisme d'une intervention, le négociateur ne doit pas être au courant du TOT, du déclenchement de l'assaut.

**J.-M. F. :** Nous en avons déjà parlé, mais je me permets d'insister, peu de gens savent que la négociation, depuis longtemps, est un domaine par excellence de coopération entre le Raid et le GIGN. Ces négociateurs, gendarmes et policiers, ont pris l'habitude de se contacter souvent, de faire des exercices communs. Par ailleurs, effectivement, il y a une spécificité française dans la négociation qui intéresse beaucoup les unités étrangères. Spécificité qui tient au fait que les négociateurs sont affectés à l'unité d'intervention, ce ne sont pas des individus extérieurs au groupe. On part d'un principe simple qui peut faire sourire : quand on a une exigence, il est plus facile de la faire respecter quand on mesure 1 m 98 et quand on pèse 120 kilos ! Et chez nous, en France, la négociation repose sur ce fait-là : quand le négociateur a derrière lui une équipe de copains tout de noir vêtus qui ne demandent qu'à intervenir, cela fait partie des éléments de la négociation et peut provoquer de la crainte, voire de la peur, chez le forcené ou le preneur d'otages, et aider quelquefois (pas toujours) à le ramener à la raison.

Au Raid, à Bièvres, on a une équipe de négociateurs, des femmes et des hommes, tous policiers à l'exception d'une psychologue intégrée au groupe, qui sont dédiés à cette mission. Mais il y a aussi dans les antennes régionales des négociateurs qui compte tenu des effectifs contraints font partie de la colonne d'assaut. Ils s'extraient de leur rôle d'intervention quand ils négocient et permutent pour prendre part à l'assaut. Il faut aussi préciser que dans les affaires dites « traditionnelles », même si je n'aime pas ce mot, c'est-à-dire hors terrorisme, on a un pourcentage de 80 à 90 % de reddition.

Le négociateur doit toujours faire preuve d'une certaine dose d'empathie avec le forcené ou le preneur d'otages, sinon il n'aboutira à rien. De même, il y a un certain nombre de règles à respecter absolument, notamment de ne pas mentir même si on ne dit pas toute la vérité. Mentir peut tout simplement faire capoter la négociation.

L'une des caractéristiques du négociateur est de toujours vouloir négocier jusqu'au bout, coûte que coûte. Et c'est au patron du Raid d'intervenir quand il juge que tout a été fait pour tenter d'obtenir une reddition et passer à une phase d'assaut. En réalité, si on écoutait le négociateur, on n'interviendrait jamais, ce qui est évidemment impossible. Attitude d'autant plus difficile à vivre alors que l'évolution du terrorisme nous a amenés à l'intervention rapide, sans passer par la case négociation. Quoi qu'il en soit, il faut que les négociateurs même s'ils sont frustrés de ne pas négocier jusqu'au bout, soient loyaux. J'ai un exemple précis : quand je suis entré au *Bataclan*, j'étais avec la négociatrice du Raid. Quand les deux barbares ont tenté de savoir si nous étions le GIGN ou le Raid, la négociatrice a voulu leur répondre, entamer le dialogue, créer un lien. Je lui ai alors ordonné de ne pas le faire, sachant que le seul objectif des deux terroristes était de se faire sauter au contact d'un « ennemi valeureux », à la hauteur de leur sacrifice, et notre négociatrice à obtempérer. Autre exemple que l'on se raconte de chef de Raid en chef de Raid, à propos de la loyauté des négociateurs.

Cela remonte à une époque où les radios fonctionnaient mal et où l'on communiquait par gestes. Il s'agissait d'une intervention contre un forcené qui avait eu la mauvaise idée d'arriver chez lui sans prévenir et qui avait pris sa femme en otage après avoir poignardé son amant. La négociation commence. Le négociateur a un contact intéressant qui peut déboucher sur une reddition pendant que l'équipe d'intervention se met en place derrière la porte. Grâce à une caméra stéthoscope glissée sous la porte, on peut voir et entendre ce qu'il se passe à l'intérieur. Le commandant du dispositif fait alors signe au négociateur qu'il va lancer l'assaut assez rapidement. Le négociateur fait signe qu'il ne comprend pas, qu'il a le contact, etc. Il continue sa négociation mais l'assaut est tout de même donné. La porte est défoncée, le mari est interpellé, sa femme délivrée, et le blessé rapidement évacué. Pendant le débriefing, le négociateur, visiblement énervé, demande au commandant du Raid pourquoi l'assaut a été donné alors qu'il avait le contact avec le forcené. Le chef du Raid lui a d'abord rappelé qu'il était le patron – de temps en temps c'est toujours bon de le rappeler… –, puis que grâce à la caméra stéthoscope ils avaient vu que la victime perdait son sang et qu'il fallait intervenir rapidement. Il a ajouté qu'il n'avait rien dit au négociateur pour que celui-ci ne change pas d'attitude, qu'aucun trouble ne transparaisse dans sa voix, qu'il garde le même ton afin que le forcené garde son calme alors que l'assaut était imminent. Dans cet exemple précis, bien que frustré, et bien que ne comprenant pas la stratégie, le négociateur a été loyal et a fait son travail jusqu'au bout, ce qui a favorisé la réussite de la mission.

**T. O. :** Jean-Michel a précisé que 90 % des affaires se terminaient par une reddition. C'est la même chose pour le GIGN. J'ajoute que toute situation de blocage ne fait pas appel à un négociateur du GIGN. La gendarmerie a rapidement compris que lorsqu'il y a une situation tendue, il vaut mieux négocier que d'envoyer la patrouille du coin qui va agir en force. Raison pour laquelle un réseau de négociateurs dits « régionaux » a été développé. Aujourd'hui, chaque groupement de gendarmerie dispose de quatre négociateurs qui ont été formés par le GIGN et mentorés par le GIGN. C'est-à-dire que lorsque ces négociateurs sont engagés, ils prennent contact avec la cellule négociation du GIGN par l'intermédiaire d'une hotline, exposent les faits, la personnalité du forcené et la stratégie qu'ils veulent mettre en place, stratégie validée par Satory. C'est évidemment réconfortant pour le négociateur régional de ne pas se sentir seul, de se sentir épaulé.

Il y a quelque chose de très important. Le négociateur ne doit pas se tromper sur le profil psychologique. Si on a affaire à un maniaco-dépressif et qu'on appelle ses enfants, ses parents ou ses amis, pour aider la négociation, il est certain que l'on va aggraver la crise. Il faut absolument éviter de le confronter à son environnement proche. Tout cela pour dire que le profil psychologique validé par un autre échelon, par quelqu'un qui est moins dans l'action, est important. L'avantage de ces négociateurs régionaux est qu'ils sont sur place très rapidement.

**Quelle affaire vous a le plus marquée ?**

**J.-M. F. :** Cela ne surprendra personne si je vous dis que les deux opérations qui m'ont le plus marqué sont l'*Hyper Cacher* et le *Bataclan*, chacune d'une manière différente.

L'opération contre l'*Hyper Cacher* était une équation à plusieurs inconnues. Je rappelle qu'en même temps que nous intervenions porte de Vincennes, le GIGN, lui, intervenait à Dammartin-en-Goële où les frères Kouachi s'étaient réfugiés dans une imprimerie. Nous étions au surlendemain du massacre de la rédaction de *Charlie Hebdo*, au cours duquel deux policiers avaient été tués, Franck Brinsolaro et Ahmed Merabet.

Quand le jour de l'opération arrive, le vendredi 9 janvier 2015, sous la pression médiatique et celle des politiques, une victime est venue s'ajouter à une liste déjà longue, avec le meurtre de la policière municipale de Montrouge, Clarissa Philippe, tuée la veille par Coulibaly.

Quand on apprend que Coulibaly s'est réfugié dans l'*Hyper Cacher*, qu'il a tué quatre otages et qu'il en retient vingt-six autres, je me trouve encore dans l'Oise en appui du GIGN où nous recherchons les frères Kouachi. Immédiatement, j'envoie porte de Vincennes mes deux colonnes d'assaut immédiatement disponibles, tandis qu'une troisième, qui se constituera un peu plus tard, est placée en réserve, à proximité. Dans la foulée, j'avise mon directeur général que je prends la direction de Paris. La BRI était déjà sur place, mais comme le ministre de l'Intérieur Bernard Cazeneuve avait déclenché la FIPN, je prenais de fait le commandement des opérations avec pour adjoint le chef de la BRI. Quand on arrive porte de Bagnolet, tout est bouché. La préfecture de police a bloqué la circulation sur le périphérique. On sort de notre véhicule, on frappe au carreau des voitures pour demander aux automobilistes de nous laisser le passage. Je n'oublierai jamais la réaction des gens, ils nous encouragent, nous applaudissent, et nous crient « Allez-y ! Allez-y ! » dans une ambiance qu'on peut qualifier d'ardeur populaire mêlée sans doute de crainte et d'effroi. Au bout de quelques minutes, deux scooters civils apparaissent – l'un d'eux étant probablement un policier sur le chemin du travail –, ils se mettent devant nous et à leur tour tapent aux vitres des voitures ou sur les capots pour nous ouvrir la route…

L'originalité de cette opération, c'est que pour la première fois deux unités interviennent en même temps contre des terroristes qui se connaissent, et que l'on soupçonne d'être en relation. Il faut donc arriver à s'organiser pour que les deux opérations, à Dammartin-en-Goële et porte de Vincennes, se déroulent en même temps. J'avais avec moi deux officiers du GIGN et le commandant du GIGN avait avec lui deux officiers du Raid. Nous avions donc une relation directe et immédiate. Une collaboration parfaite, sans accroc, grâce au travail effectué en amont avec Thierry Orosco.

Quand le ministre de l'Intérieur est arrivé porte de Vincennes, je lui ai demandé la priorité de l'assaut à cause des otages dans l'*Hyper Cacher*. À cette difficulté de timing, il fallait ajouter les habituelles questions concernant l'assaut : Par où va-t-on entrer ? Par l'arrière ? Devant en soulevant le rideau de fer sachant que nous avons les clés ? Fait-on une diversion ? Etc. Il y avait aussi cette autre difficulté de commander deux unités distinctes, le Raid et la BRI, que je connaissais moins bien. Une unité avec des process un peu différents dans la mesure où l'Antigang n'est pas à proprement parler une unité qui ne fait que de l'intervention, puisqu'elle fait aussi du judiciaire. En outre, j'avais sur les épaules la pression du préfet de police qui tordait le nez à cause de notre présence, estimant que c'était à la seule BRI d'intervenir. C'était oublier la décision du ministre de l'Intérieur de déclencher la FIPN dont il suffisait simplement de respecter les règles déjà bien établies. Tout était donc en ordre en terme administratif, ça l'était peut-être un peu moins pour les ambitions de ce haut fonctionnaire. D'ailleurs, il le dira un peu plus tard – bien évidemment après le succès de l'opération : « Je ne vois pas ce que le Raid fait ici... » Je n'avais pas directement le préfet en face de moi, mais son porte-parole, le patron de la PJ parisienne, Bernard Petit, qui venait s'assurer toutes les cinq minutes que j'intégrais bien la BRI dans le dispositif, ce qui pour moi était une évidence.

Vers 16 heures, le ministre de l'Intérieur est arrivé. Je lui ai tout de suite fait remarquer que nous étions face à l'hypothèse que nous avions évoquée, à savoir que nous allions devoir agir vite et en force, sans négociations préalables, pour tenter de sauver le plus d'otages possible. Il était d'accord et m'a promis une réponse rapide du président de la République, dès qu'il l'aurait avisé. La décision d'assaut fut effectivement prise dans ce sens. Mais rien ne se passe jamais comme on l'espère. Alors que nous avions décidé avec le ministre et le chef du GIGN que j'aurais la primeur du déclenchement de l'assaut, les frères Kouachi, à Dammartin, sont sortis et ont tiré sur les gendarmes du GIGN qui ont immédiatement riposté en neutralisant définitivement leurs deux agresseurs. À ce moment-là, nous avons tous espéré que Coulibaly n'avait pas été informé de la mort des frères Kouachi. Dans l'incertitude, il a donc fallu accélérer notre assaut à Vincennes. Il n'a pas dû s'écouler plus d'une quinzaine de minutes entre la mort des Kouachi et notre passage à l'acte. On avait décidé de faire diversion sur la porte arrière en y plaçant des explosifs. Mission confiée à la BRI, alors que le Raid pénétrerait dans le magasin par l'avant. Mais nous savions que Coulibaly avait fait mettre des palettes de paquets de farine derrière cette porte arrière, et qu'il nous serait difficile de la franchir en escaladant les palettes. Autre problème, la BRI n'avait pas ses artificiers. Ceux du Raid ont dû les remplacer rapidement. Ces explosifs, nous n'avons pas pu les mettre plus tôt à cause des médias en train de filmer chacun de nos faits et gestes, et nous ne savions pas si Coulibaly disposait d'une télévision. Difficulté supplémentaire, la porte arrière était une porte poussante, une porte antipanique en cas d'incendie, et s'ouvrait de l'intérieur vers l'extérieur, mais nos artificiers savaient gérer ce problème complexe.

Ce sont les artificiers qui ont donné le top départ, au moment de l'explosion. La porte arrière s'ouvre, la BRI s'approche de l'ouverture mais au départ progresse lentement car elle se protège derrière le Ramsès, technique que le Raid avait abandonné face à des individus radicalisés, lui préférant le bouclier portable. Les hommes de la BRI ont compris qu'ils perdaient du temps. Finalement, eux aussi, ont pris le bouclier portable afin de se déplacer plus rapidement. Face à des obstacles entreposés par le terroriste, les policiers de la BRI ne peuvent entrer dans le magasin mais il y a des échanges de coups de feu de part et d'autre de cette porte arrière. Cela maintient l'attention de Coulibaly sur la BRI, ce qui nous permet à l'avant de nous approcher et de soulever le rideau de fer de la porte principale, des grenades de 40 explosent et la chance nous sourit car une des grenades se coince dans le faux plafond. Quand elle explose, Coulibaly lève la tête, il croit probablement que nous allons passer dans le magasin par le toit, son attention est détournée et pendant ce temps il ne s'occupe pas des otages, puis les premiers policiers du Raid se positionnent à la porte principale, une colonne à gauche, une autre à droite. Le premier de la colonne de gauche progresse à l'intérieur mais il est immédiatement gêné par un corps et des caddies derrière lesquels se trouvent tous les otages. Il se décale alors à droite – c'est ce qu'on appelle de l'intelligence situationnelle –, mais ce faisant il prend l'option de croiser les tirs de ses collègues de l'autre colonne, ce qui est un risque supplémentaire. Son but est de servir de cible et d'attirer sur son bouclier antiballes le feu de Coulibaly qui finit par charger les policiers sans se préoccuper des otages. Coulibaly qui finalement est abattu au pied de la porte d'entrée de l'*Hyper Cacher*. Nous ne savions pas avec certitude s'il était seul, nous avons donc continué à progresser, la BRI d'un côté et le Raid de l'autre. Pendant ce temps les otages sont évacués et sont mis à l'abri derrière le camion blindé de la BRI. Nos blessés sont également évacués, cinq policiers ont été touchés aux jambes, trois du Raid et deux de la BRI. Nous avons sauvé tous les otages. C'était notre but ultime. Cette opération est un succès important, ce qui ne nous empêche pas de faire preuve de modestie, conscients que tout aurait pu se passer autrement si le plus petit grain de sable s'était invité dans les rouages ; il aurait suffi qu'une porte ne s'ouvre pas ou que Coulibaly s'en prenne aux otages pour que tout bascule, qu'un succès se transforme en fiasco phénoménal.

En ce qui concerne le *Bataclan*, je dirai que cette opération m'a plus marqué d'un point de vue émotionnel. Comment oublier ce qu'on a découvert en pénétrant dans cette salle de concert ? Comment oublier tous ces corps ? Comment oublier ce que j'ose qualifier de charnier ? Comment oublier ces cris, ces gémissements, ces appels au secours et tout ce sang ? C'est impossible. Ce massacre a marqué tout le monde.

La FIPN n'avait pas été déclenchée. Avec Christophe Molmy, chef de la BRI, nous avons décidé de nous partager le boulot. La BRI en haut, où étaient retranchés les deux terroristes avec des otages, et le Raid en bas, dans la salle, pour intervenir si les deux kamikazes porteurs de gilets explosifs tentaient de s'échapper vers le rez-de-chaussée.

**Quelle est la différence entre ces deux opérations, entre celle de la porte de Vincennes et celle du *Bataclan* ?**

**J.-M. F. :** La première était très technique. Dans la seconde, face à ce massacre qui ressemble plus à une scène de guerre, nous étions moins dans les dogmes de nos interventions, et surtout il y avait cette dimension émotionnelle dont je viens de parler, pas seulement pour moi mais évidemment aussi pour tous ceux qui étaient présents ce jour-là. Porte de Vincennes, nous étions plus dans l'action, dans ce calcul froid et nécessaire pour résoudre l'équation que représentait l'intervention à venir. Du point de vue humain, ces deux opérations sont donc très différentes.

**T. O. :** C'est vrai que la complexité pour une unité d'intervention, surtout pour le commandant de l'opération, c'est sa capacité à travailler en coordination avec de multiples éléments. Avec une seule colonne d'assaut, le travail n'est pas si compliqué ; ce sont les acteurs eux-mêmes de l'opération qui sont en tête de colonne qui vont avoir une grande partie de l'initiative et de la décision opérationnelle. En revanche, comme l'a souligné Jean-Michel, quand il y a plusieurs points à coordonner, et que la réussite dépend de la capacité de coordination, c'est là que l'on peut juger une unité d'intervention. Les plus grandes unités sont capables de coordonner plusieurs éléments à la fois. Si Jean-Michel a vécu cet épisode en tant qu'acteur, moi je l'ai vécu en tant que spectateur et je peux affirmer que la coordination dont il parle est quelque chose de complexe à imaginer et à réaliser, il y a un long travail de préparation, cela ne s'improvise pas. Dans une telle situation, on est sur le fil en permanence. Mais généralement, tout finit par bien se passer ; le propre des unités d'intervention n'est-il pas de toujours mettre des « bretelles avec la ceinture »… ?

**J.-M. F. :** Ces bretelles avec ceinture me font penser aux suréquipements des policiers de ce type d'unité. C'est un exemple bien précis de cette propension à se surprotéger jusqu'à l'exagération. Les gars du Raid portent plus d'armes qu'ils n'ont de mains ! Pistolet de cuisse, pistolet de secours, le fusil d'assaut, etc. Ajoutons à cela le fait qu'une colonne d'assaut ne compte jamais moins qu'une quinzaine d'hommes, et donc si tout le monde devait utiliser toutes ces armes, il faudrait être dans une configuration très particulière, voire désespérée.

À un certain moment, j'ai essayé de m'attaquer au double armement, pas avec les opérateurs des colonnes d'assaut mais avec les snipers et les maîtres-chiens, les négociateurs et les techniciens, bref ceux qui sont plus éloignés. Leur faire abandonner la deuxième arme a été difficile et je n'y suis arrivé qu'en partie…

**Revenons à la question posée à Jean-Michel, au sujet de l'opération qui vous a le plus marqué…**

**T. O. :** Il y en a trois. Malheureusement, il y en a une dont on n'a pas le droit de parler, encore aujourd'hui. Elle m'a le plus marqué par sa complexité opérationnelle. Ce que je peux seulement en dire, c'est que mes épaules ont failli ployer sous le poids des responsabilités !

Les trois opérations que je veux évoquer m'ont marqué par leur violence, à tel point que j'ai été surpris, et peut-être même profondément choqué, par la sauvagerie dont peut être capable un être humain, humain n'étant pas l'adjectif qui convient le mieux à ces bipèdes qui ressemblaient plus à des animaux sauvages…

La première opération était une prise d'otages au cours d'une mutinerie dans la prison d'Ensisheim, en Alsace. J'étais alors jeune lieutenant, tout juste breveté, une semaine ou deux avant Ouvéa. Je me souviens très bien de Patrick Henry[6] qui faisait partie des prisonniers et qui était présent dans la zone de négociation. Il nous avait dit, le regard un peu fou, que s'il pouvait tuer un flic, il le ferait sans hésiter, que de toutes les manières il était en prison jusqu'en 2020. Cela nous paraissait en effet être un futur très lointain. On a vite compris que les preneurs d'otages se servaient de lui comme boutefeu. À ce *check point*, à cette frontière entre le monde des mutins et des forces de l'ordre.

Dans ce genre d'évènements, il y a souvent des prisonniers blessés au cours de règlements de comptes. Au cours des négociations, les mutins nous ont demandé s'ils pouvaient évacuer des blessés. Nous avons évidemment accepté. Et j'ai

6. *Le 30 janvier 1976, Patrick Henry avait enlevé et tué le petit Philippe Bertrand, alors âgé de 7 ans. Condamné à perpétuité, Patrick Henry avait obtenu une libération conditionnelle en 2001, avant d'être réincarcéré l'année suivante après avoir été arrêté en Espagne en possession de 10 kilos de cannabis qu'il tentait de faire passer du Maroc en France. Gravement malade, il sera finalement libéré en 2017. Il décédera trois mois plus tard.*

vu ce que je ne pensais pas voir dans une société en paix… Le premier blessé avait le ventre littéralement ouvert, les intestins à l'air libre. En guise de civière, il était allongé sur une couverture que d'autres prisonniers traînaient à même le sol. Quand ils se sont rapprochés, j'ai vu son œil qui pendait sur le côté avec le nerf optique ! On apprendra plus tard qu'il était soupçonné d'être une « balance »… Le second blessé n'était pas en meilleur état. Ils nous l'ont amené dans un caddie. Ils lui avaient brisé tous les os, de tous les membres. Je me souviens de ces bras désarticulés pendant sur les côtés.

C'était la première grosse opération à laquelle je participais. J'ai été longtemps marqué par cette sauvagerie.

La deuxième opération concernait un forcené qui avait pris sa femme et ses enfants en otage. Cela a duré des heures, des heures de négociations compliquées. Il n'était pas question de donner un assaut tant que nous n'étions pas sûrs de sauver les otages. Finalement, on a donné l'assaut. Le forcené se trouvait sur son lit et a ouvert le feu avec son fusil sur la colonne. Le premier gendarme lui a sauté dessus et l'a désarmé avant de se rendre compte que son genou était dans la tête éclatée de la femme que le forcené avait tuée. Nous avons fouillé la maison à la recherche des enfants qui avaient moins de 10 ans. On les a trouvés dans leur lit, en pyjama, égorgés par leur père. Cela nous a tous profondément marqués, et un peu plus ceux qui, parmi nous, avaient des enfants. Nous nous sommes demandé si nous n'avions pas négocié trop longtemps. Mais les enfants et la femme du forcené étaient déjà morts quand nous sommes arrivés.

La dernière opération dont je voudrais parler est encore une prise d'otages, mais cette fois commise par deux braqueurs qui avaient raté leur coup. L'un des deux était blessé et leur voiture les avait lâchés. Ils avaient fini par rentrer dans une villa dans laquelle se trouvaient une mère avec son nourrisson. Je ne sais plus comment elle s'était débrouillée pour sortir de chez elle et donner l'alerte. Les deux braqueurs étaient très déséquilibrés et armés jusqu'aux dents avec armes de poing et armes d'épaule. Ils disaient avoir aussi des grenades. Vrai ou faux, nous n'en savions rien, il fallait pragmatiquement envisager le pire et donc de les croire. Nous apprendrons par la suite qu'ils avaient effectivement des grenades mais qui ne fonctionnaient pas. Je vous rappelle qu'ils détenaient un nourrisson de 3 ou 4 mois et qu'ils étaient déterminés à ne pas retourner en prison. Renseignements pris, on a découvert qu'ils avaient un casier long comme un jour sans pain. Ils échafaudaient des plans de plus en plus compliqués, comme échanger le nourrisson contre une voiture. On s'est vite rendu compte de leur faiblesse psychologique. Ils sont devenus de plus en plus nerveux, menaçant de faire sauter la maison avec le gaz si on donnait l'assaut. Situation complexe donc. D'autant qu'ils s'étaient barricadés dans la maison, une maison difficile d'accès.

Les médias étaient évidemment présents, les autorités aussi, ainsi que la famille de la mère qui formait une sorte de clan. À un moment, nous nous sommes dit que nous n'allions pas y arriver sans prendre de grands risques pour l'otage. À l'époque, on avait commencé à former des équipes très discrètes qui arrivent à pénétrer dans des locaux, soit pour faire du renseignement, soit du renseignement et de l'action. Un concept sur lequel nous avons d'ailleurs travaillé avec le Raid au milieu des années 2000, que l'on a baptisé *silent team*, « équipes silencieuses » légères, capables de neutraliser des alarmes, de progresser comme des chats, trouvant des issues improbables, etc.

Une *silent team* a donc réussi à pénétrer dans la maison par le toit sans éveiller l'attention des deux braqueurs. Le nourrisson se trouvait à l'étage, et nous savions que les braqueurs se retrouvaient au rez-de-chaussée pour discuter. La *silent team* a pu sécuriser l'enfant, le protéger et nous avons lancé l'assaut de façon fulgurante. Et ce qui m'a le plus marqué, c'est qu'une fois que la situation a été stabilisée, on a sorti le nourrisson. Je n'oublierai jamais l'instant où nous avons remis le bébé à sa mère, avec ce sentiment puissant d'être une sorte de super-héros, immuable défenseur de la veuve et de l'orphelin, exactement ce pour quoi j'avais toujours voulu faire ce métier. C'est un sentiment que l'on éprouve souvent, pour ne pas dire toujours, quand on croise le regard d'otages que l'on vient de libérer et qui croyaient leur dernière heure arrivée… Et donc le regard de cette mère qui prend son enfant dans les bras, ce regard qui vaut toutes les décorations, toutes les récompenses, toutes les félicitations du monde !

**J.-M. F. :** C'est vrai que ces moments sont uniques, d'une force et d'une puissance incroyables ! Après l'*Hyper Cacher*, des otages ont voulu venir voir les gens du Raid par l'intermédiaire d'une association. Ils sont venus à Bièvres et nous avons pu discuter longuement autour d'un petit déjeuner. Je me souviens d'une phrase prononcée par l'un des ex-otages citant le Talmud : « Qui sauve une vie sauve le monde », nous a-t-il dit avant d'ajouter que nous avions sauvé vingt-six vies et donc sauvé vingt-six mondes.

L'autre chose qui m'a marquée est cette question que l'un d'entre eux nous a posée : « Mais comment faites-vous pour aller sauver des gens que vous ne connaissez pas ? » Nous leur avons répondu que c'était notre job. Mais cette réponse ne leur suffisait pas. Il voulait mieux comprendre. Je pense souvent à cette question, j'y ai déjà un peu répondu. Finalement, je me dis, comme l'a souligné Thierry, que c'est peut-être pour tous ces regards reconnaissants que nous faisons ce boulot pas tout à fait comme les autres.

Encore un mot sur cette violence, pour ne pas parler de sauvagerie, à laquelle nous sommes confrontés, condensée en quelques heures, et qui nous marque tous profondément, durablement. Je me souviens d'une intervention très technique du GIPN de Nice. Une femme, depuis le septième étage de son immeuble, voulait jeter ses deux enfants dans le vide. Il avait fallu intervenir à la fois par la porte et par l'extérieur avec les varappeurs pour monter une opération en tenailles. Opération qui a réussi. La vision de cette femme et de ses deux enfants n'a certes rien à voir avec ce qu'a décrit Thierry, mais elle a néanmoins marqué la plupart des hommes qui intervenaient ce jour-là, qui s'interrogent toujours sur la désespérance et la douleur d'une maman prête à sacrifier ce qu'elle possède de plus précieux : ses enfants. Nous ne savons pas raisonner face à de telles attitudes, nous devons tout simplement accepter de ne pas avoir les codes et les clés.

**T. O. :** Je n'ai pas connu l'assaut de Marignane[7], mais vingt ans après, là aussi, l'équipage de l'Airbus vient encore au GIGN. Ce qui démontre qu'il y a un lien réellement indéfectible qui se tisse entre tous les gens qui ont été dans des situations extrêmes, qui ont vu la mort de près et qui ont dû leur salut à une unité d'intervention. Encore récemment j'ai vu le commandant de bord, vingt-six ans tout de même après les faits. Ils sont restés « fidèles » au GIGN, comme les ex-otages de l'*Hyper Cacher* seront encore fidèles au Raid dans vingt-six ans.

**Fort heureusement, il arrive aussi que certaines situations prêtent parfois à sourire. Je crois que vous avez une anecdote à ce sujet…**

**T. O. :** Effectivement, il peut même arriver que cela tourne à la farce, à tel point qu'on n'oserait pas le proposer à un scénariste ! Je pense notamment à cette planque dans un sous-marin[8] avant une interpellation. Nous patientions avant d'intervenir quand on nous a prévenus par radio qu'un homme rôdait autour de notre camionnette. *A priori*, il n'avait rien à voir avec notre affaire, ce qui s'est rapidement confirmé

7. Cf. *page 56.*
8. *Fourgonnette équipée de vitres sans tain pour la surveillance.*

quand on a compris qu'on avait tout simplement affaire à un voleur ! On l'a laissé tranquillement crocheter la serrure, fermer la portière, et s'installer au volant. Il ne pouvait pas nous voir, nous étions cachés derrière un drap noir. Puis il a commencé à essayer de démarrer. C'est à ce moment-là que nous sommes intervenus. Avec la rapidité de l'éclair, nous l'avons attrapé par le col, tirer vers l'arrière et bloquer au sol en lui collant une main sur la bouche pour l'empêcher de crier et nous faire repérer. Il n'a pas eu le temps de comprendre ce qui lui arrivait. Son regard était un mélange d'incompréhension et de frayeur ! J'espère que cela lui a servi de leçon…

*

# Troisième Partie

# DES PISTES POUR L'AVENIR

**Depuis que ces deux unités nationales d'intervention existent, la question de leur fusion s'est souvent posée… Est-ce une piste vraiment sérieuse ?**

**Jean-Michel Fauvergue (J.-M. F.) :** Je le dis tout de suite, je ne suis pas partisan d'une fusion. Je m'en expliquerai un peu plus tard. Nous avons deux unités nationales d'intervention, connues et reconnues dans le monde entier. Le GIGN et le Raid. Ces deux unités ont connu des évolutions importantes, pour le Raid ce fut la création de la FIPN, en 2011, regroupant le Raid, la BRI parisienne et les BAC, puis en 2015, les GIPN. Depuis 2008, les GIPN avaient déjà un recrutement commun avec le Raid, ainsi que des techniques et du matériel identiques. Depuis, ces GIPN ont été transformés en antennes du Raid. J'en ai déjà parlé.

Cette première évolution, la gendarmerie l'a suivie en créant des antennes régionales du GIGN. En 2016, toujours dans le même esprit, on a créé le Schéma national d'intervention, rédigé par l'UCoFI (Unité de coordination des forces d'intervention), incluant le Raid, les GIPN, la BRI et les primo-intervenants.

Il faut préciser que ces évolutions ont été décidées par le pouvoir politique sous la pression des médias et de l'opinion publique après des évènements importants. Faut-il en rester là pour autant ? Certainement pas. Selon moi, on peut encore apporter des améliorations. Ces améliorations, je les ai décrites en 2016, quand j'ai été auditionné par la commission des lois de l'Assemblée nationale, dans la même salle où je siège aujourd'hui en tant que député.

À l'époque, l'un des députés de l'opposition m'avait clairement demandé si, entre le Raid, la BRI, le GIGN, les GIPN et la FIPN, on ne pouvait pas simplifier tout ça. Je lui avais répondu qu'effectivement cela n'était pas simple de s'y reconnaître, et qu'effectivement une simplification serait la bienvenue. J'ai toujours le même projet que je défends aujourd'hui au niveau politique. Ce projet n'est certainement pas de fusionner les deux unités. J'y suis opposé, car il n'y a aucune raison de punir l'une par rapport à l'autre, chacune ayant fait la preuve de ses capacités d'intervention. Ensuite, elles ont connu des évolutions historiques. Chacune prospère sur une légende qu'on ne peut pas rayer d'un trait de plume. Opérationnellement, nous l'avons largement évoqué dans ce livre, en cas de crise majeure, nous n'aurions pas trop de deux unités pour intervenir de manière coordonnée. Dernier point, ce projet de fusion est politiquement périlleux ; au moindre incident on reprocherait au gouvernement qui en serait l'instigateur d'avoir affaibli nos capacités opérationnelles.

Donc, pour toutes ces raisons, pas de fusion. En revanche, ce qui me paraît cohérent c'est de structurer les liens qui peuvent exister entre nos deux unités, qu'ils ne soient pas à la merci des patrons d'unité, selon leur bon vouloir sous prétexte qu'ils s'entendent plus ou moins bien, le relationnel de nos unités d'élite doit être structurel et non pas factuel. C'est la raison pour laquelle je prône la création d'un état-major des forces d'intervention, à l'image du Commandement des opérations spéciales (COS), qui serait commandé à tour de rôle par un policier ou un gendarme hauts gradés, passés par une unité d'intervention, des hommes de l'art en quelque sorte.

Ce « COS » des forces d'intervention prendrait en compte l'ensemble des missions opérationnelles. Cela aurait l'avantage de pouvoir mobiliser des hommes à tout moment, dans n'importe quelle zone de compétence. Il m'est arrivé, quand j'étais à la tête du Raid, de refuser des interpellations le matin, car toutes mes unités étaient occupées sur des missions diverses. Quand je parle des zones de compétence, je veux dire que le Raid pourrait intervenir en zone gendarmerie, et inversement le GIGN en zone police.

En ce qui concerne les régions, si on additionne les antennes Raid aux antennes GIGN, on arrive à un total de 28 unités[1]. Je prends l'exemple d'un forcené à Dijon, sur lequel était intervenue l'antenne du Raid de Lyon, mais qui avait mis un certain temps avant d'arriver sur place, alors qu'il y a à Dijon une antenne GIGN. Cet état-major que j'appelle de mes vœux amènerait plus de cohérence dans un cas comme celui-là. Par ailleurs, les techniques d'intervention seraient identiques. Je vous renvoie au chapitre sur l'interopérabilité.

Il faudrait ensuite régler le problème des unités centrales de manière très pragmatique. Exemple : elles pourraient prendre une permanence une semaine sur deux, et le jour où il y a un évènement, c'est l'unité de permanence qui intervient, renforcée éventuellement par celle qui n'est pas de permanence. Bref, on n'est pas dans la fusion, on n'est pas dans l'absorption, on est dans quelque chose de plus resserré qui coûterait sans doute moins cher et amènerait de la cohésion et de la cohérence dans les politiques opérationnelles, les structures et les équipements. Par exemple le Raid est doté de petits blindés qui peuvent intervenir à l'intérieur des centres commerciaux dont la dalle peut supporter le poids, alors que le GIGN possède des engins plus lourds qui peuvent intervenir sur les tarmacs lors de prises d'otages dans un avion mais

1. *Raid : 1 unité nationale, 10 antennes en métropole, 3 antennes outre-mer. GIGN : 1 unité nationale, 6 antennes en métropole, 7 antennes outre-mer.*

qu'on ne peut pas utiliser dans une grande surface. On peut facilement imaginer que ces moyens soient « interopérables ». Une unité peut également renforcer l'autre, on peut imaginer qu'elle ait besoin de tireurs supplémentaires qui pourraient lui être prêtés, etc. Cette interopérabilité serait effective si elle est organisée au jour le jour par un état-major commun dont les décisions s'imposeraient aux patrons du GIGN et du Raid. L'idée c'est cela, ni plus ni moins, mais elle changerait tout dans le domaine de la coopération et de la collaboration.

**Cela éviterait-il pour autant les polémiques, les querelles, auxquelles on a droit à presque à chaque évènement à résonnance nationale ?**

**J.-M. F. :** Les polémiques, il y en aura toujours. Comme je l'ai déjà dit, elles viennent souvent des plus anciens qui font toujours mieux que tout le monde, ou de pseudo-spécialistes qui n'ont jamais mis les pieds dans une colonne d'assaut ! Le système que je viens de décrire n'est pas fait pour ça, mais on peut caresser l'espoir qu'en se connaissant mieux, en travaillant ensemble, des liens se tisseraient et de fait les critiques des uns envers les autres s'atténueraient.

**Thierry Orosco (T. O.) :** Je partage en grande partie ce que vient de dire Jean-Michel. Néanmoins, je veux apporter une précision. Quand j'étais à la tête du GIGN, j'ai rencontré un grand nombre de décideurs politiques qui, lorsqu'ils étaient dans l'opposition, cherchaient des idées. Leurs questions étaient souvent les mêmes : Est-il nécessaire d'avoir deux unités d'intervention ? Pourquoi dépense-t-on tant d'argent ? L'État en a-t-il les moyens ?

Il faut que le lecteur ait conscience d'une chose. Dans les pays comparables à la France, aucun n'est doté d'une seule force d'intervention. Tous ont plusieurs unités. En Grande-Bretagne, il y a le CO19, unité à vocation nationale de Scotland Yard, et le 22e SAS de l'armée. En Allemagne, il y a le GSG 9, l'unité fédérale, et une unité dans chaque Land. Aux États-Unis, il y a une pléiade d'unités entre le HRT[2] du FBI et celles de toutes les polices d'État et des villes comme le SWAT de la NYPD[3], à New York. Même en Israël qui est un petit pays, il y a plusieurs forces d'intervention, *idem* pour l'Italie et l'Espagne. Une fois qu'on a dit ça, cela ne signifie pas qu'il n'y a rien à faire chez nous !

D'abord, il faut différencier les opérations dites « du quotidien » – lutte contre la grande délinquance, prises d'otages de droit commun, forcenés, etc. – qui sont traitées par le GIGN et le Raid créés à l'origine, souvenez-vous-en, pour lutter contre le terrorisme. Imaginer, avec la création d'un état-major, que chaque directeur général serait privé d'une unité d'intervention nationale et régionale, ce serait lui ôter une capacité, alors qu'il est censé avoir la totalité du spectre policier dans les mains. C'est la construction du système policier français (police plus gendarmerie) tel qu'il est aujourd'hui, vu par le ministère de l'Intérieur ; il y a un directeur général, responsable budgétairement d'un programme qui dispose de l'ensemble des moyens pour assumer les missions qui lui sont confiées. On ne pourrait donc pas lui dire demain : « Vous êtes compétent sur une zone, mais dans cette zone vous ne disposez pas de tous les outils pour résoudre les problèmes qui se présentent à vous. » C'est inacceptable. C'est comme si l'on disait au directeur de la Gendarmerie nationale ou au directeur de la Police nationale : « À partir d'aujourd'hui vous ne faites plus de police judiciaire dans votre zone. »

Le GIGN et le Raid sont des unités non seulement nécessaires mais en plus, comme nous l'avons dit plus haut, ce sont aussi des vitrines pour les directeurs généraux, pour les

2. *Hostage Rescue Team.*
3. *New York City Police Department.*

policiers et les gendarmes qui s'identifient dans leurs unités d'élite respectives.

Je le répète, dire, demain, que tout ce qui se passe en matière d'intervention en zone gendarmerie sera fait par la police et, inversement, tout ce qui se passe en zone police serait fait par la gendarmerie est irréel ! De toute façon, ce serait aller contre le système et cela reviendrait à démotiver la fonction de pilotage de ces grands corps. Néanmoins, et je suis d'accord avec Jean-Michel, la zone de compétence est une règle que l'on ne doit pas remettre en cause : vous êtes gendarme, vous êtes compétent dans votre zone, vous êtes policier vous êtes compétent dans votre zone ; cela a le mérite d'être clair !

On voit bien qu'aujourd'hui est apparu un facteur temps dont on a essayé de diminuer l'impact en créant des antennes Raid et GIGN. Certes, on peut avoir une antenne qui est la plus proche d'une prise d'otages, bien que n'étant pas de sa zone de compétence. Ou une antenne déjà engagée qui a besoin de renforts que pourrait lui apporter une antenne qui est hors de sa zone de compétence.

Aujourd'hui, ce qui fait défaut, c'est un manque de fluidité dans la possibilité d'engager les moyens du voisin en hommes ou en matériel, à cause d'une réaction que l'on pourrait qualifier de corporatiste. On préfère naviguer avec ses propres moyens, en autonomie, plutôt que de réfléchir sur la façon dont on pourrait faire appel à d'autres moyens.

### Faut-il redéfinir les zones de compétence ?

**T. O. :** La construction des zones de compétence est une bonne construction. Si vous faites le 17 sur votre téléphone, vous tombez dans la zone de compétence et aboutissez à la salle de commandement du service compétent. La zone de compétence ne concerne pas seulement les unités d'intervention. Je ne crois pas qu'il y ait lieu de polémiquer sur ces zones de compétence ni de les remettre en cause. Non, la question est bien de savoir comment on peut faire pour plus de souplesse dans l'emploi des moyens qui ne sont pas des moyens de son unité ou de son corps. Il y a sans doute la possibilité, comme le dit Jean-Michel, d'avoir un commandement mais les directions générales joueront-elles le jeu ? Dans les armées, pour les opérations des forces spéciales, le COS va agglomérer et commander les moyens de la marine, de l'armée de l'air et de l'armée de terre, mais au-dessus il n'y a qu'un seul patron qui s'appelle le chef d'état-major des armées ; un seul et unique employeur.

À un moment, il a été question de donner plus de commandement à l'UCoFI, et il y a eu de la part des patrons d'unité, moi le premier, une certaine réticence de se voir dépossédé de ses pouvoirs d'analyse et de décisions vis-à-vis de ses chefs. C'est un peu compliqué. Mais je suis d'accord qu'il faut parfois faire intervenir une unité de l'autre corps, parce qu'il y a une nécessité et qu'on ne peut pas résumer ça à une guerre des boutons…

# POUR OU CONTRE UNE NOUVELLE ORGANISATION ?

**Pour résumer, vous seriez d'accord avec le schéma proposé par Jean-Michel ?**

**T. O. :** Cette proposition de mettre un commandement unique à la tête des unités d'intervention est séduisante, le seul problème est que j'ai du mal à voir, comme je l'ai dit, comment il serait accepté non seulement par les deux directions générales mais aussi par la préfecture de police de Paris. Ce serait compliqué, dans le sens où aujourd'hui, les décisions d'engagement de ces unités sont du ressort de ces trois autorités. Je les vois difficilement déléguer cette prérogative à quelqu'un d'autre.

**J.-M. F. :** Effectivement, c'est le point le plus épineux de ce schéma-là. Cependant, si l'on fait une réforme de ce genre, il faut un pouvoir politique fort capable de décider, et de la mener à son terme. Car ce qui est au départ une réforme organisationnelle pure deviendra à coup sûr une réforme politique. Il est évident que tout le monde doit s'y retrouver, il ne faut pas imposer un nouveau schéma où tous seraient perdants ; tout le monde traînerait les pieds et ça ne marcherait pas. Il faut arriver à capitaliser sur la bonne volonté des uns et des autres. Étant bien entendu qu'on n'envisage pas une réforme de ce genre pour faire plaisir aux opérateurs des deux unités ou à leurs chefs, mais en s'imprégnant de l'idée d'une meilleure sécurité apportée à nos concitoyens, pour être plus efficace, plus rapide, en évitant les erreurs et les frictions du passé. Après tout, c'est déjà le cas pour les forces de maintien de l'ordre que sont les CRS et les gendarmes mobiles qui dépassent leurs zones de compétence. Il n'est pas rare, voire très fréquent, que les gendarmes mobiles interviennent en secteur urbain, comme à Paris à l'occasion de grandes manifestations. On l'a vu pendant les manifestations des Gilets jaunes. De même qu'il arrive que des CRS interviennent en secteur gendarmerie pour des missions de rétablissement de l'ordre.

Cela dit, Thierry l'a bien expliqué, on se heurte surtout à des mentalités et à la crainte du précédent, c'est-à-dire que la même décision soit prise à chaque fois au bénéfice de la même unité. C'est ce qu'on appelle le syndrome « du pied dans la porte » ! (On empêche la porte de se refermer, ce qui nous permet à nouveau de franchir le seuil.) Quant aux zones de compétence, si elles sont respectées par ceux chargés de la sécurité publique, gendarmes et policiers, le principe est moins strict dans le domaine judiciaire, car chaque investigation judiciaire est diligentée sous l'autorité d'un magistrat et celui-ci est libre de saisir le service enquêteur de son choix policier ou gendarme, sans se préoccuper de la zone géographique. Par ailleurs, chaque enquêteur qui démarre une affaire chez lui a un droit de suite et de poursuite si son dossier l'emmène dans une autre zone de compétence. Un policier peut donc poursuivre une enquête dans une zone de compétence gendarmerie et inversement pour un gendarme en zone police. La politesse et l'usage voulant uniquement qu'on avise les autorités judiciaires locales de sa présence.

**T. O. :** Il y a quelque chose de très important à souligner. Depuis le début, avec Jean-Michel, nous parlons avec conviction de « l'intérêt général » ; et c'est bien ce qui nous motive l'un et l'autre. Tout au long de cet entretien, on a cherché à montrer tout ce que représente d'investissements humain et financier ces unités d'intervention. Il ne faudrait pas, sous prétexte d'une politique œcuménique, qu'on en arrive à les affaiblir, soit en leur donnant moins de moyens, soit en diminuant l'éventail de leurs missions. Le Raid et le GIGN, nous l'avons dit, c'est comme une assurance : on n'en profite pas tous les jours, mais lorsqu'un accident survient, on est heureux de pouvoir en bénéficier.

La France est l'un des rares pays où le service chargé de la lutte contre le terrorisme, la DGSI, n'a pas de bras armé à la hauteur de la qualité de son service de renseignements. À l'étranger, historiquement, les services de renseignements se sont dotés de ce bras armé qui nous manque. On ne peut pas demander à un service chargé de l'antiterrorisme de faire appel à une unité extérieure pour les cas les plus compliqués.

**J.-M. F. :** Le Raid et le GIGN sont deux unités de service. Les regrouper sous un commandement unique pourrait aussi permettre de regrouper un certain nombre de missions remplies par des services moins spécialisés, mais dont la multiplicité coûte cher au contribuable. Je pense au GAO de la DGSI qui a été formé par le Raid, il se débrouille plutôt bien mais ce n'est pas la prestation du Raid ou du GIGN.

Dans la police, nous avons un gros défaut ; on aime beaucoup faire le travail de l'autre en oubliant de faire le sien ! Au Raid, nous avons eu des problèmes avec les BRI de province qui ont voulu intervenir sur des forcenés ou des prises d'otages – souvent poussées pas leur hiérarchie « omettant » d'utiliser l'outil central pourtant entraîné à cette fin. Même des BAC s'y sont mises, bien évidemment sans être équipées et sans en avoir la technicité, le danger c'est une prise de risque maximum pour des opérateurs qui sont moins bien entraînés et moins bien équipés.

La création d'un état-major commun permettrait donc d'officialiser l'utilisation de cet outil central. Ce serait une obligation. On aurait beaucoup plus d'interventions qu'aujourd'hui. On s'aperçoit que nos collègues policiers et gendarmes sont de plus en plus confrontés à des risques quand ils procèdent à une interpellation matinale en particulier dans les milieux clos, face à des gens de plus en plus violents, souvent armés, désinhibés face à la violence contre les forces de l'ordre. Il faut donc que le Raid et le GIGN soient plus souvent mis à disposition de ces autres forces de police ou de gendarmerie. N'oublions pas qu'ils ont été créés pour ces missions-là aussi. De même que le Raid et le GIGN pourraient intervenir plus régulièrement pour la DGSI ou les Douanes – ce qui est déjà arrivé –, au lieu – maladie bien française – de créer de nouveaux services qui vont venir se juxtaposer à ceux qui existent déjà !

Dans ce but, l'état-major que j'appelle de mes vœux pourrait également recenser les missions et mettre en place une sorte de Retex pour déterminer la raison pour laquelle le Raid ou le GIGN n'ont pas été appelés sur telle ou telle opération et veiller à y remédier.

**Faut-il augmenter ou réduire les effectifs du Raid et du GIGN ?**

**J.-M. F. :** On l'a dit tout au long de cet entretien. L'état de la menace fait qu'on s'est retrouvés avec des unités augmentées en effectifs. Au Raid nous avons récupéré les 7 GIPN métropolitains et les 3 GIPN ultramarins, et nous les avons transformés en antennes régionales Raid et en avons créé 3 nouvelles sur le territoire hexagonal. Nous sommes arrivés à un étiage qui me semble raisonnable. Mais si on rajoute le GIGN central et toutes ses antennes, une BRI parisienne passée de 50 à 100 hommes, si on fait le bilan du nombre de primo-intervenants qui ont réglé avec efficacité un certain nombre de problèmes, on se rend compte qu'on arrive à un équilibre satisfaisant qui correspond à la menace actuelle, à la nécessité du terrain. Augmenter sans cesse les effectifs n'est pas une solution. Je rappelle que le budget de la police est de 11 milliards d'euros dont 87 % sont consacrés à la rémunération du personnel et qu'il ne reste donc pas grand-chose pour l'équipement et le matériel. Ce sont à peu près les mêmes proportions pour la gendarmerie.

**T. O. :** Je voudrais attaquer le problème sous un autre angle. La clé du problème n'est pas tant de réduire ou augmenter les effectifs et le budget, c'est plutôt de savoir quelle capacité de recrutement nous avons pour garder le niveau de son unité. Au GIGN, bon an, mal an, on a quatre-vingts candidats utiles à chaque appel de candidatures. Si l'on veut garder le haut niveau de nos unités d'intervention, considérées comme les meilleures au niveau international, le risque avec une augmentation d'effectifs, c'est d'avoir une structure plus grosse mais moins efficace. Le bassin de recrutement, pour répondre au niveau d'excellence qu'exige une unité comme le GIGN, n'est pas extensible à l'infini.

**J.-M. F. :** C'est tout à fait exact. J'en veux pour preuve qu'aujourd'hui la Police nationale a dû mal recruter quantitativement et qualitativement.

**T. O. :** De toute façon, on a beau retourner le problème dans tous les sens, il n'y aura de solution que s'il y a une volonté politique. Le bon exemple, Jean-Michel l'a dit, c'est la gestion des forces mobiles. La préfecture de police de Paris ne se pose même pas la question de savoir si elle va utiliser des CRS plus des gendarmes mobiles qui n'appartiennent pas à la PP. Demain, face à des manifestations de grandes ampleurs, on dit au préfet « faites avec vos seuls moyens », il en sera incapable.

Il y a d'un côté une réalité et de l'autre des blocages, ce que le politique refusera d'affronter. Quand j'étais à la tête du GIGN, il était question du programme international ITER[1], qui doit voir le jour dans une vingtaine d'années. De savoir qui est compétent du Raid ou du GIGN pour en assurer la sécurisation, les directeurs généraux ont toujours évité d'approfondir la question estimant qu'il n'était pas utile de se quereller pour un sujet à si longue échéance. On voit bien qu'on est sur des blocages. Du coup, on reporte indéfiniment… et la meilleure façon de reporter c'est de ne pas bouger.

**J.-M. F. :** Je veux juste encore insister sur le fait qu'à mes yeux, on doit absolument conserver nos deux unités, deux unités prestigieuses à l'aura internationale, au même titre que les plus belles unités de l'armée française. Les placer sous commandement commun – comme le sont le 1^er^ RPIMa et le 13^e^ RDP au sein du COS – n'enlèverait en rien leur authenticité.

**T. O. :** Selon moi, le vrai sujet, par rapport à l'intérêt général, c'est d'accentuer l'interopérabilité, parce qu'aujourd'hui il y a des superpositions géographiques, il y a le facteur temps, il y a des besoins de cumul de compétences ou de simples besoins numériques. Une interopérabilité qu'on a commencé à développer avec Jean-Michel, confrontés à de fortes réticences. Cela reste le seul chantier qui soit vraiment au service de l'intérêt général pour ces deux unités. Peut-on imaginer le Raid et le GIGN incapables de coopérer sur une opération d'envergure faute de s'être entraînés ensemble ? Peut-on imaginer un responsable l'avouer au président de la République qui

1. *Programme lancé en 1985, dont l'ambition est de mettre en place un projet de coopération destiné à dynamiser la recherche sur la maîtrise de la fusion nucléaire, par opposition à la « fission ».*

exigerait une opération commune ? Face à ce genre d'exigence, la raison ordonne de répondre « oui », eu égard aux menaces qui nous guettent aujourd'hui.

Notre rôle, à Jean-Michel et moi-même, maintenant que nous avons quitté nos administrations respectives, c'est d'appuyer ceux qui sont à la tête de ces unités pour que cette réforme à laquelle pensent les politiques finisse par arriver à son terme. Cela mettra du temps, parce qu'il y a des passifs, parce qu'il y a une histoire. Raison pour laquelle il faut aider les gens qui sont aux manettes. Il faut aller au-delà des démonstrations protocolaires qui n'ont aucune incidence sur la réalité, aucune consistance opérationnelle, et sont contre-productives pour les gens qui sont dans les unités et qui ne sont pas dupes : « tout le monde sait que nous ne sommes pas interopérables mais il faut faire croire que nous le sommes ». Du coup on accentue cette idée selon laquelle devant on fait semblant, et derrière on fait jouer l'inertie.

# UNE AVENTURE HUMAINE

**Si l'un et l'autre vous deviez qualifier ces années passées au Raid et au GIGN, que diriez-vous ?**

**T. O. :** C'est simple : j'ai vécu une aventure humaine et opérationnelle exceptionnelle et unique. J'ai vécu mon livre d'aventures comme je l'imaginais quand, enfant, je lisais *Les Secrets de la mer Rouge*, de Henry de Monfreid. J'ai fait des choses d'exception avec des gens d'exception, pour des missions d'exception. Quelle chance j'ai eue !

**J.-M. F. :** Thierry m'a volé mes mots ! Je ne pourrais dire mieux que, oui, exception, exception, exception… mille fois l'exception qu'il s'agisse des hommes rencontrés ou des missions effectuées. J'ajouterai que je suis content des entretiens que nous avons eus pour l'élaboration de ce livre qui je l'espère va éclairer le Raid et le GIGN d'une autre lumière. Content, parce que j'ai découvert des choses, des détails, au-delà de nos points communs entre nos deux unités. Heureux également d'avoir fréquenté une unité comme le GIGN que j'admire et que je respecte. C'est, je crois, le sens de ce livre. Le respect que l'on doit avoir l'un pour l'autre, que ces deux unités doivent avoir l'une pour l'autre, que ses hommes doivent avoir les uns pour les autres.

Répétons-le, nous avons la chance d'avoir deux unités admirées dans le monde entier, autant qu'elles le soient aussi par les Françaises et les Français.

Il était aussi important de dire que les menaces ont évolué, qu'elles se sont renforcées et vulgarisées. Je prends pour exemple l'intervention du Raid, au mois de juin 2020, à Dijon, où des Tchétchènes, au milieu de la rue, armes de guerre à la main, ont affronté une autre communauté sur fond de trafic de drogue. Cela illustre le fait que les missions sont diverses et de plus en plus dangereuses.

Cela signifie aussi que nos deux unités peuvent servir de repères forts à nos concitoyens parfois perdus dans un monde incertain et de plus en plus violent. Ils savent que dans la tourmente, les hommes et les femmes du Raid et du GIGN, la main dans la main, en frères d'armes, seront prêts à défendre nos valeurs démocratiques les armes à la main et à se sacrifier pour eux.

**T. O. :** Propos que je partage totalement. Pour ma part, ce que m'ont appris nos échanges c'est une confirmation : on ne peut pas résumer nos deux unités en disant le Raid c'est comme le GIGN et *vice versa*. On a des ADN, des histoires, des corps de rattachement qui sont différents, mais on se rejoint sur l'objectif final et une capacité à construire au nom de l'intérêt général. C'est sur ce point que nos successeurs doivent s'inscrire, car on ne sait de quoi sera faite la menace de demain. Quelle qu'elle soit, il y a de fortes raisons de penser que le Raid et le GIGN seront des pourvoyeurs d'idées et des acteurs pour traiter ces futures menaces.

*

# TABLE DES MATIÈRES

## Première Partie



## Deuxième Partie



## Troisième Partie

*Je dédie ce livre, à celles
et ceux qui serviront au GIGN et à mes trois filles.*
*Thierry Orosco*

*Je dédie ce livre à mes proches
et à toutes les femmes et tous les hommes du Raid passés,
présents et à venir.*
*Jean-Michel Fauvergue*

*Nous voulons aussi dédier cet ouvrage
aux victimes des attentats terroristes.*
*Thierry et Jean-Michel*

Achevé d'imprimer
en octobre 2020
par Corlet Imprimeur
14110 Condé-en-Normandie

Dépôt légal : octobre 2020
N° d'imprimeur : 20100511
*Imprimé en France*